日本語教師を
めざす人のための

スモールステップで学ぶ

音声

池田悠子〈著〉

スリーエーネットワーク

Published by 3A Corporation.
Trusty Kojimachi Bldg., 2F, 4, Kojimachi 3-Chome, Chiyoda-ku, Tokyo 102-0083, Japan

ISBN978-4-88319-952-5 C0081

First published 2024
Printed in Japan

はじめに

　現在日本語学習者の数は、海外で379万人以上（2021年）、国内で21万人以上（2022年）と言われています。日本語の学習目的も多様化しており、大学受験、留学や研究などのための日本語学習から、日本での就労や生活のための学習など、様々です。このように学習の目的や分野が様々な広がりをもつ中、そこで教える日本語教師も、より深く、そして広い知識を持つことが必要とされます。

　日本語教師に必要な知識や現場に対応する能力が備わっているかをはかる試験としては、1987年に始まった「日本語教育能力検定試験」がありますが、2024年度からは、日本語教員試験が始まります。

　本シリーズは、これから日本語教師を目指したいと考えている方を対象とし、日本語教師に必要な基礎力を付けて試験に対応するための教材です。日本語教師に求められる知識は多岐にわたりますが、その中でも特に大事な分野に絞って集中的に、また、一つ一つの項目をスモールステップで学んで力をつけられるよう構成しています。日本語教師の基盤となる知識を確実に身につけ、試験の合格につなげましょう。

著者からのメッセージ

　本書には、日本語の「音声」に関わる諸知識の概要をまとめました。「日本人なら日本語のことをわかっている」と思われていますが、これは本当でしょうか。例えば、日本語教師養成コースの「音声学」の最初の授業で「母音のイ、エ、ア、オ、ウの発音をするときの舌の前後位置や舌の高さは違いますよね」と声をかけると、キョトンとする受講生、「同じです」と答える受講生、「わかりません」と心底困惑した顔つきの受講生など、様々な表情が出現します。意外に母語とはそういうものです。

　日本語教育の現場では、とかく文法に特化して授業が展開されることが多いようです。しかし、私たちが外国語を習うときに、「ネイティブスピーカーみたいに話せたらいいな」とか「上手に話したい」という希望を実現するために努力をしている自分を発見しませんか。日本語を学習する人たちも同じ希望を持っていると筆者は確信しています。

　確かに正しい文法が身についていれば日本語の構文を生み出していくことはできます。しかし、例えば非母語話者が発表の際に、「それでは分布図を見てみましょう」という発話の「分布図」を「ブンプジュ」と発音していたら、聞き手は「あれ?」と思ってしまいます。

　また、「あなたは、すでにこのことを知っているでしょう⤴」と文末のイントネーションを上昇させると質問文になりますが、「あなたは、すでにこのことを知っているでしょう⤵」と断定を意味する下降の文末イントネーションにすると、場合によって詰問したように受けとられかねません。ですから、「音声に関わる知識と指導法」は、語学の指導において非常に重要な役割を担っています。

　本書の執筆中には「日本語教員試験試行試験」が実施されたり、「日本語教師養成」に関わる情報が錯綜したりしていました。このような状況下ですが、「音声学の基本」を本書で学べば、日本語教員試験のみならず教室での指導にも十分役立つように編集部とも話し合って本書を完成させました。編集部の田中綾子氏、中川祐穂氏の忍耐強い伴走、校閲担当者の鋭い指摘にたいへん助けられました。彼らの助力がなければ到底本書は出来上がりませんでした。また内山洋見氏の見事なイラストは調音点や調音法をわかりにくさから救っています。関わってくださった皆様に心から感謝申し上げて筆をおきます。

2024年6月　池田悠子

本テキストの使い方

　このテキストは、初学者の人が少しずつ音韻・音声の知識を深めていける構成になっています。学習項目ごとに、基本的に見開き2ページの中に解説と確認のワークがありますから、一つ一つ確認しながら進めてください。

1. 構成

1）実力診断クイズ（＋解答と解説）

　当該の章で学習する音声の項目について、現時点でどのくらいの知識があるか、問題を解いて確認しましょう。ここでは高得点を取ることが目的ではありません。何がわかるのか、何がわからないのかを確認してから章の学習に入ることで、問題意識を持って学習にあたることができます。その章の学習が終わってから、復習としてもう一度解いてみるのも効果的です。

2）学習項目の解説とワーク（＋解答と解説）

　学習項目についての解説を読んだ後で、その項目に関するワークに取り組みます。解答と解説はワークのすぐ下にありますから、難しいと感じる場合は解答を参照しながらでも答えを埋めてみてください。

3）実力診断テスト（＋解答と解説）

　各章末には「実力診断テスト」があります。その章で学んだことがどのくらい身についたか、テストに挑戦してみましょう。「解答と解説」には詳しい解説が載っています。解説をしっかり読むことで、さらに知識を深めることができるでしょう。

2. 音声

　🔊が付いている箇所の音声は、当社Webサイトで聞くことができます。

https://www.3anet.co.jp/np/books/4782/

3. 表記

　音素記号は／　／、発音記号は［　］で囲って示しています。
　アクセントの示し方は、基本的に『NHK日本語発音アクセント新辞典』（2016年発行）の第1アクセントに則りました。

　本テキストを丁寧に学ぶことによって、日本語教員試験に合格し、日本語を学習する非母語話者たちの音声に関わる優れた指導ができる日本語教師として活躍できることを願っています。

目次

第1章　日本語の音の単位と仮名

第2章　アクセント

第3章　韻律（プロソディ）

第4章　音素と音声記号

第5章　音声器官と母音

第6章　子音－1

第7章　子音－2

第8章　特殊拍

第9章　音韻

第1章

日本語の音の単位と仮名

　第1章では、日本語の音の単位である「仮名」について、改めて考えてみます。普段何気なく使っている平仮名や片仮名と、「音」にはどのような関係があるでしょうか。

　また、仮名を発音している時間的長さを「拍」という単位で理解し、「音節」という概念でもとらえてみましょう。

実力診断クイズ

本章を学ぶ前に、
以下の問題に挑戦してみて、
どのくらい解けるか探ってみましょう。
難しいと思われる問題は
この章で解決することを目指しましょう。

1.【 】内に示した観点から見て、他と性質の異なるものを一つ選んでください。

（1）【外来語の音の表記】

 1 シェパード   2 チェリスト   3 ニュースレター

 4 ディズニーランド 5 フォトグラフ

（2）【外来語の音の表記】

 1 ミューズ   2 フィーリング   3 ティッシュケース

 4 フォークソング 5 ヴァイオリン

（3）【拍（モーラ）数】

 1 きゃんきゃん 2 ルーメン   3 京都府   4 大阪府

 5 からかさ

（4）【CV構造】

 1 ひ   2 ぎ   3 ゆ   4 ん   5 ぽ

（5）【音節数】

 1 羊羹   2 接触   3 人気   4 ラーメン   5 接近

2．次の質問に答えてください。

（1）「外来語の表記」の片仮名に存在しない仮名を一つ選んで、その理由を書いてください。

　　　1　わ　　　　2　ん　　　　3　を　　　　4　っ　　　　5　にゃ

（2）日本語の語頭（ことばの初め）に立たない仮名を二つ選んでください。

　　　1　み　　　　2　し　　　　3　っ　　　　4　や　　　　5　ん

解答と解説

1．（1）3　**ニュースレター**

「ニュ」のみ日本語の五十音図内の音。1「シェ」、2「チェ」、4「ディ」、5「フォ」は「外来語の表記」（1991年内閣告示）の第1表で外来語や外国の地名・人名を表記するために工夫された片仮名。

（2）1　**ミューズ**

「ミュ」のみ日本語の五十音図内の音。2「フィ」、3「ティ」、4「フォ」、5「ヴァ」は「外来語の表記」の第1表および第2表で示されている片仮名。

（3）4　**大阪府**

「おおさかふ」のみ5拍（モーラ）。1「きゃんきゃん」、2「ルーメン」、3「京都府（きょうとふ）」、5「からかさ」は、すべて4拍（モーラ）。

（4）4　**ん**

「ん」のみCV構造ではない。1「ひ」、2「ぎ」、3「ゆ」、5「ぽ」は、CV構造。

（5）2　**接触**

「せっしょく」のみ3音節。1「羊羹（ようかん）」、3「人気（にんき）」、4「ラーメン」、5「接近（せっきん）」は、すべて2音節。

2．（1）3　**を**

現代の仮名遣いでは、「を」は助詞の「を」を表記するためにのみ存在する。片仮名だけで文を書くことがほとんどないためだと考えられる。

（2）3　**っ**　　　5　**ん**

促音「っ」と撥音「ん」は語頭に立たない特殊拍に属する。

1. 日本語の音の単位

　考えていることを伝えようとするときに、肺から口まで、もしくは肺から鼻までの音声器官を使って言語音を発します。これを本書では「音声」(speech sound) と言います。何らかの意味があって意志の疎通を図る音が言語音としての音声です。くしゃみなどの音は意味を持たない非言語音です。

　日本語の音の単位として「**仮名**」があり、体系的にまとまったものとして、「**五十音図**」があります。清音だけではなく、拗音（ようおん）や、濁音などまで示したものを「**拡大五十音図**」と言いますが、本書ではこれをいわゆる「五十音図」として扱います。

　以下の「五十音図」の仮名はいくつあるでしょうか。

	直音※				拗音		
清音	あ	い	う	え	お	きゃ	きゅ	きょ
	か	き	く	け	こ	しゃ	しゅ	しょ
	さ	し	す	せ	そ	ちゃ	ちゅ	ちょ
	た	ち	つ	て	と	にゃ	にゅ	にょ
	な	に	ぬ	ね	の	ひゃ	ひゅ	ひょ
	は	ひ	ふ	へ	ほ	みゃ	みゅ	みょ
	ま	み	む	め	も			
	や		ゆ		よ			
	ら	り	る	れ	ろ	りゃ	りゅ	りょ
	わ				（を）			
濁音	が	ぎ	ぐ	げ	ご	ぎゃ	ぎゅ	ぎょ
	ざ	じ	ず	ぜ	ぞ	じゃ	じゅ	じょ
	だ	ぢ	づ	で	ど	ぢゃ	ぢゅ	ぢょ
	ば	び	ぶ	べ	ぼ	びゃ	びゅ	びょ
半濁音	ぱ	ぴ	ぷ	ぺ	ぽ	ぴゃ	ぴゅ	ぴょ
撥音（はつおん）	ん							
促音	っ							

※拗音・撥音・促音以外の音を直音と言う。

「仮名」は 108 あります。仮名は、日本語の「発音の単位」として最もイメージしやすい単位です。なお、直音は仮名1文字、拗音のみ仮名2文字で表します。

- -

次の文の（　）に適当なことばを入れてください。

　人は意志を伝えようとして（①　　　　　　　　）を使って言語音を発する。発した言語音を（②　　　　　）と言う。

　日本語の「音」の体系がまとまったものとして（③　　　　　　　）を挙げることができる。（　③　）からは、清音、濁音、（④　　　　　　　）、撥音、促音が存在することがわかる。

　「ん」のことを（⑤　　　　　）と言い、小さな「っ」のことを（⑥　　　　　　）と言う。

【解答】
①音声器官　②音声　③五十音図（拡大五十音図）　④半濁音　⑤撥音　⑥促音

2．五十音図には含まれない日本語の「音」

　ことに 20 世紀後半、文化、経済、政治などの往来が地球規模で行われるようになり、世界中の概念や物とともに、外国のことばも日本語の中に入ってくるようになりました。

　ことばは「音」を伴いますから、外国の地名・人名や物の名前、概念などを外国語の原音や原つづりに近く書き表す必要性が出てきました。「五十音図」の仮名に対応する一般的に用いられる片仮名だけでは不足してしまいます。そこで、「外来語や外国の地名・人名を片仮名で書き表す場合」のために「**外来語の表記**」（1991 年内閣告示）が示されました。「外来語の表記」は、日常生活で用いる片仮名と符号の具体的な例を「よりどころ」として示しています。

第1表

ア	イ	ウ	エ	オ					
ア	イ	ウ	エ	オ				シェ	
カ	キ	ク	ケ	コ				チェ	
サ	シ	ス	セ	ソ	ツァ			ツェ	ツォ
タ	チ	ツ	テ	ト		ティ			
ナ	ニ	ヌ	ネ	ノ	ファ	フィ		フェ	フォ
ハ	ヒ	フ	ヘ	ホ				ジェ	
マ	ミ	ム	メ	モ		ディ			
ヤ		ユ		ヨ			デュ		
ラ	リ	ル	レ	ロ					
ワ									
ガ	ギ	グ	ゲ	ゴ					
ザ	ジ	ズ	ゼ	ゾ					
ダ			デ	ド					
バ	ビ	ブ	ベ	ボ					
パ	ピ	プ	ペ	ポ					
キャ		キュ		キョ					
シャ		シュ		ショ					
チャ		チュ		チョ					
ニャ		ニュ		ニョ					
ヒャ		ヒュ		ヒョ					
ミャ		ミュ		ミョ					
リャ		リュ		リョ					
ギャ		ギュ		ギョ					
ジャ		ジュ		ジョ					
ビャ		ビュ		ビョ					
ピャ		ピュ		ピョ					

ン（撥音）
ッ（促音）
ー（長音符号）

第2表

ア	イ	ウ	エ	オ
			イェ	
	ウィ		ウェ	ウォ
クァ	クィ		クェ	クォ
	ツィ			
		トゥ		
グァ				
		ドゥ		
ヴァ	ヴィ	ヴ	ヴェ	ヴォ
		テュ		
		フュ		
		ヴュ		

「外来語の表記」の第1表の左側における片仮名は、「五十音図」に該当する片仮名とほぼ同じですが、助詞の「を」に該当する片仮名は表には示されていません。なぜなら、「漢字片仮名交じり文」を書くことはほとんどなくなり、外来語は固有名詞に集中することが一般的だからです。また、平仮名の中には表れにくい**長音符号**の「ー」が明示されているのも特徴です。

「五十音図」の文字が示す「音」以外の外来語の「音」の表記として「外来語の表記」を掲げたということは、日本人が発音する「音」の種類が、従来の「五十音図」に示されている仮名よりも多くなったということをも示しています。

すなわち、日本人が発音する「音」の範囲が変化していることを内閣告示の「外来語の表記」が示しています。日本には、正書法はありませんが、表記の「目安」や「よりどころ」として内閣告示があり、表記と関わりのある「音」を知ることができます。たいていの国語辞書の巻末にありますから確認してください。

ワーク

次の文の内容が適当ならば〇を、不適当ならば×を付けてください。

（　　　）（1）外国の地名・人名や物の名前、概念などを外国語の原音や原つづりに近く書き表すよりどころとして「外来語の表記」が告示された。

（　　　）（2）内閣告示「外来語の表記」は20世紀前半に示された。

（　　　）（3）「外来語の表記」は「よりどころ」なので、「外来語の表記　第1表　第2表」のとおりに表記しなくてもよい場合もある。

（　　　）（4）「を」に相当する片仮名も「外来語の表記」に存在する。

（　　　）（5）「コーヒー」の「ー」は符号である。

（　　　）（6）「五十音図」に対応する片仮名の数と「外来語の表記」の片仮名の数は同じである。

【解答と解説】

（1）〇

（2）×　1991年の告示

（3）〇

（4）×　助詞を表記する「を」は「外来語の表記」には存在しない。

（5）〇

（6）×　「外来語の表記」で表す「音」の数は「五十音図」で表す「音」より多い。

3．平仮名が存在しない「片仮名」

「外来語の表記」の中で、日常生活で用いる片仮名と符号の具体的な例が「第1表」「第2表」「留意事項その1」に「よりどころ」として示されています。

（1）第1表

「第1表」の「外来語や外国の地名・人名を書き表すのに一般的に用いる仮名」の中で、「五十音図」と対応しない仮名は以下のとおりです。13 あります。

		シェ	
		チェ	
ツァ		ツェ	ツォ
	ティ		
ファ	フィ	フェ	フォ
		ジェ	
	ディ		
		デュ	

（2）第2表

「第2表」の「外来語や外国の地名・人名を原音や原つづりになるべく近く書き表そうとする場合に用いる仮名」の中で、「五十音図」と対応しない仮名は以下のとおりです。20 あります。

		イェ		
	ウィ		ウェ	ウォ
クァ	クィ		クェ	クォ
	ツィ			
		トゥ		
グァ				
		ドゥ		
ヴァ	ヴィ	ヴ	ヴェ	ヴォ
		テュ		
		フュ		
		ヴュ		

（3）留意事項その1

「留意事項その1」では「特別な音の書き表し方については、取決めを行わず、自由とする」として次のような例を挙げています。

> スィ　ズィ　グィ　グェ　グォ　キェ　ニェ　ヒェ　フォ　ヴョ　など

例：キェルケゴール　コーズィレフ　フョードル

ワーク

- -

【　】内に示した観点から見て、他と性質の異なるものを一つ選んでください。

（1）【五十音図内の片仮名】

　　1　<u>チュ</u>ニジア　　　　2　ナイジェリア　　　　3　フィンランド

　　4　ノル<u>ウェ</u>ー　　　　5　ボスニアヘル<u>ツェ</u>ゴビナ

（2）【五十音図内の片仮名】

　　1　<u>シェ</u>ーカー　　　2　<u>チェ</u>ーン　　　3　<u>ヒュ</u>ーズ

　　4　ビル<u>ディ</u>ング　　　5　<u>テュ</u>ーバ

（3）【五十音図内の片仮名】

　　1　<u>ジョ</u>ギング　　　2　<u>ラッ</u>シュ　　　3　<u>ニュ</u>ース

　　4　スケ<u>ジュ</u>ール　　　5　<u>ファ</u>イル

【解答と解説】

（1）1　<u>チュ</u>ニジア

　　五十音図内の「チャ、<u>チュ</u>、チョ」に対応する。

（2）3　<u>ヒュ</u>ーズ

　　五十音図内の「ヒャ、<u>ヒュ</u>、ヒョ」に対応する。

（3）5　<u>ファ</u>イル

　　「ファ」のみ五十音図に対応しない。

4．日本語の拍の構造

　日本語の発音の単位としての仮名には種類があります。例えば、「あ」「や」「ざ」などの1文字の仮名を**直音**、「きゃ」「しゃ」「じゃ」などの2文字の仮名を**拗音**と言いますが、どちらも発音している時間的長さは同じです。この「仮名1文字（拗音のみ2文字）」の発音の単位を「**拍（モーラ／mora）**」と言います。撥音（ん）、促音（っ）、長音（伸ばす音）も1拍と数えます。

例　「あお」＝2拍、「おか」＝2拍、「きゃく」＝2拍
　　「かんぱ（寒波）」＝3拍、「しゅうぶん（秋分）」＝4拍、「コーヒー」＝4拍
　　「おかあさん」＝5拍、「おかにのぼる」＝6拍、「とんぼをとる」＝6拍
　　「コートダジュール」＝7拍、「いっぱんじょうしき」＝8拍

　これらの「仮名1文字（拗音のみ2文字）＝1拍」の構造をさらに分析してみます。「おか」を例にして取り上げます。

　「お」[o] は、[o] という母音1個で構成されています。
　「か」[ka] は、[k] という子音と [a] という母音で構成されています。

　したがって、固有の日本語（外来の要素の入らないオリジナルの日本語）の1拍の構造は、「母音」だけか、「子音」＋「母音」の二つであると言えます。
　母音を vowel の頭文字を用いて「V」で、子音を consonant の頭文字で「C」と表記すると日本語の構造は次のように表すことができます。

　　　　　　　「母音」⇒「V」
　　「子音」＋「母音」⇒「C＋V」

　日本語の母音は、「ア、イ、ウ、エ、オ」の五つだけなので、おおむね仮名は「C＋V」の中にまとめて、「日本語の構造は **CV 構造**」であるととらえます。また、固有の日本語の発音の単位の特徴は「母音（V）で終わる」ということが言えます。
　なお、拗音は、歴史的に漢籍（中国の漢文形態の書物）を受容し始めてから日本語に取り入れた「音」で、子音＋母音＝「CJ＋V」という構造です。「キャ、キュ、キョ」と言ってみると、舌の前側（前舌）が「カ、ク、ケ、コ」と発音したときよりも盛り上がりを感じます。これは前舌が硬口蓋（p.72 参照）に近づいているのですが、この状態を「**硬口蓋化**」とか「**口蓋化**」と言い、「J」と表します。「CJ」も子音の一つです。
　ただし、お気付きでしょうか。撥音、促音、長音の3種類はＣＶ構造とは異なります。これらは固有の日本語には存在せず、外来の要素を受容したり、日本語の発達の過程で発生

したりした「音」であり、母音とともに1拍を構成しないので、CV構造にはなり得ません。撥音、促音、長音の3種類は**特殊拍**と言い、それぞれの仮名1文字を1拍と数えます。

ワーク

1. 【　】内に示した観点から見て、他と性質の異なるものを一つ選んでください。

【拍数】

1　シャンパーニュ　　　2　セントルイス　　　3　稚内　　　4　信濃川

5　小倉城

2. 次の文の（　）に適当なことばを入れてください。

「え」と「ひゃ」の仮名を発音している（①　　　　　　　　　　）はほぼ同じである。

仮名1文字の「あ」や「け」などを（②　　　　　　　　）と言い、仮名2文字の「きゃ」や「しゃ」などを（③　　　　　　）と言う。

「仮名1文字（拗音のみ2文字）」の単位を拍と言うが、拍を（④　　　　　　）とも言い、1拍（1モーラ）と数える。

構造をさらに分析すると、日本語は「母音」と「子音＋母音」からできている（⑤　　　　　　）構造であると言える。ただし、撥音、促音、長音の（⑥　　　　　　）は母音とともに1拍を構成しないので、（　⑤　）構造ではない。

【解答と解説】

1. 2　セントルイス

「セントルイス」のみ6拍。1「シャンパーニュ」、3「稚内（わっかない）」、4「信濃川（しなのがわ）」、5「小倉城（こくらじょう）」は、5拍。

2. ①時間的長さ　②直音　③拗音　④モーラ　⑤CV　⑥特殊拍

5．日本語の音節

「拍（モーラ／mora）」に対して、「**音節（シラブル／syllable）**」というとらえ方があります。日本語の場合、撥音、促音を除く仮名1文字（拗音のみ2文字）を1音節、さらに、特殊拍の撥音、促音、長音を、その直前の拍と一つのまとまりにして1音節と数えます。

拍は「発音している間の時間的長さは（ほぼ）同じ」ですが、音節は「聞こえのまとまり」です。整理してみましょう。

①拍と音節の違い

拍	発音している間の時間的長さが同じ
音節	聞こえのまとまり（特殊拍に注意！）

②拍と音節の数え方

	拍（モーラ）数	音節（シラブル）数
でんしゃ（電車）	3拍	2音節
おげんきで（お元気で）	5拍	4音節
ちょっと	3拍	2音節
ビール	3拍	2音節
いっかげつかん（一ヶ月間）	7拍	5音節
しゅうかん（習慣）	4拍	2音節
にじゅうよっか（二十四日）	6拍	4音節

　拍の概念だけでもよさそうなのになぜ音節という概念をここで取り出して比較するかと言うと、拍で整理できない外国語と日本語を対照して日本語の特徴を把握する必要があるからです。例えば、日本語の「ビール」という3拍・2音節のことばを、日本語学習者が2拍・2音節で「ビル」と発音した場合には、拍数を意識させる指導が必要になります。

　日本語の音節の構造は基本的に母音で終わるCV構造ですが、母音で終わる音節を**開音節**（open syllable）と言います。開音節に対して子音で終わる**閉音節**（closed syllable）の構造の言語が存在しているので、日本語も音節の概念に当てはめて考えてみることも必要になってきます。

　ちょっと英語を見てみましょう。英語の "pitch"[pítʃ]（ピッチ）は、一つの母音 [í] を包むように子音が周囲に存在しています。「まとまり」があり、一つの音節の最後が子音で終わるという特徴があります。このような構造を **CVC構造**、もしくは、閉音節と言います。"wind"[wínd] は「C+V+C+C」ですが、子音で終わることに変わりはありませんからCVC構造（閉音節）の仲間です。

この「まとまり」の概念を日本語に当てはめると、例えば、「おんがく」「キャッシュ」「ゲーム」のように、撥音と促音と長音はその前の拍と「ひとまとまり」になって1音節という聞こえのまとまりを作ります。

また、流暢な発音の指導をするときには、この音節の数え方を応用するケースが多くなってきました。

ワーク 🖊

例にならって拍数と音節数を書いてください。

		拍（モーラ）数	音節（シラブル）数
（例）	ふなびん（船便）	4拍	3音節
（1）	びよういん（美容院）	拍	音節
（2）	びょういん（病院）	拍	音節
（3）	しゅじん（主人）	拍	音節
（4）	しゅうじん（囚人）	拍	音節
（5）	きてください（来てください）	拍	音節
（6）	きってください（切ってください）	拍	音節
（7）	すしです（寿司です）	拍	音節
（8）	すうしです（数詞です）	拍	音節

【解答】
（1）び よう いん（5拍・3音節）　　（2）びょう いん（4拍・2音節）
（3）しゅ じん（3拍・2音節）　　（4）しゅう じん（4拍・2音節）
（5）き て く だ さ い（6拍・6音節）　　（6）きっ て く だ さ い（7拍・6音節）
（7）す し で す（4拍・4音節）　　（8）すう し で す（5拍・4音節）

実力診断テスト

1.「仮名文字」に関する記述として、適当なものを一つ選んでください。

1　仮名の直音は1文字、拗音は2文字であるが、話しているときの時間的な長さはほぼ等しい。例えば、「か」の長さと「きゃ」の長さはほぼ等しい。

2　仮名の直音は1文字、拗音は2文字であるが、話しているときの時間的な長さは、例えば、「か」の長さより「きゃ」の長さのほうが少し長い。

3　五十音図の仮名の数は、108であるが、撥音と促音は固有の日本語にはないので含まれていない。

4　五十音図の仮名の数は撥音と促音と長音を含んで108である。

2.「外来語の表記」に関する記述として、不適当なものを一つ選んでください。

1　外国の地名や人名、物の名前や概念を外国語の原音や原つづりに近く書き表すために「外来語の表記」が告示された。

2　「ディズニーランド」の「ディ」、「ヴァイオリン」の「ヴァ」などは「外来語の表記」第1表や第2表で示されている。

3　「外来語の表記」にある片仮名は、五十音図の平仮名に対応する片仮名とすべて同じである。

4　「外来語の表記」は日常生活で用いる片仮名と符号の具体的な例を「よりどころ」として示している。

3. 次の記述の中で不適当なものを一つ選んでください。

1　特殊拍は外来の要素を取り入れたり、日本語が発達する過程などで発生してきた。

2　日本語の音節の基本構造は、母音で終わるので「日本語はCV構造である」と言われる。

3　日本語の音節は、閉音節で終わるものが多い。

4　仮名1文字の単位を「拍（モーラ／mora）」と言い、1拍と数える。

4. 次の文の（　）に入れるのに最も適当な組み合わせを一つ選んでください。

　日本語の構造は基本的に母音で終わる CV 構造である。母音で終わる音節を（　①　）と言う。一方、英語の "best"[bést]（ベスト）の音節構造は「C+V+C+C」である。"best" [bést]（ベスト）のように子音で終わる音節を（　②　）と言う。

	①	②
1	closed syllable	open syllable
2	母音音節	子音音節
3	シラブル言語	モーラ言語
4	開音節	閉音節

5. 拍数と音節数に関して、指導の際に注意が必要なペアを一つ選んでください。

1　「曲がります」と「下がります」

2　「来てください」と「切ってください」

3　「全然」と「戦前」

4　「違いました」と「誓いました」

実力診断テスト　解答と解説

1. 1

五十音図の仮名は直音、拗音、撥音、促音の合計108であり、発音されている間の時間的長さはほぼ等しい。

2　直音「か」と拗音「きゃ」を発音する際の時間的な長さは、ほぼ同じである。

3、4　特殊拍のうち、撥音と促音は五十音図に含まれているが、長音は含まれていない。

2. 3

外来語や外国の固有名詞を五十音図の平仮名に対応する片仮名だけでは表記しきれないので、よりどころを示すために「外来語の表記」が告示された。

3. 3

日本語の音節の閉音節で終わるものは主として撥音なので、それほど多くはない。

4. 4

1　①を open syllable、②を closed syllable と、選択肢を逆にすると正解になる。

2　「母音音節」「子音音節」という用語は存在しない。

3　「シラブル言語」とは、シラブルが規則的に並ぶことでリズムを作る言語のことを指し、スペイン語などがシラブル言語に当たる。「モーラ言語」とは、モーラでリズムを作る言語のことを指し、日本語はモーラ言語に分類される。

5. 2

「来てください」＝6拍、6音節。「切ってください」＝7拍、6音節で拍数と音節数が異なるため、指導の際に注意が必要。

1、3、4　両者ともに同拍、同音節であるため、指導の際に注意が必要なのは拍数、音節数という観点ではない。1は「ま」と「さ」、2は「ぜ」と「せ」、4は「が」と「か」の子音について、それぞれの声帯振動の有無、調音点、調音法という観点に注目する。詳しくは、第6章以降で扱う。

でき
たか
な？

第 **2** 章

アクセント

第2章では「日本語のアクセント」について学びます。

日本語（共通語）のアクセントの特徴や機能はどのようなものでしょうか。

名詞、動詞、形容詞におけるアクセントの型についても見ていきましょう。普段自分がどのように発音しているか、ぜひ確認してみてください。

1. 日本語のアクセント

2. 名詞のアクセント

3. 動詞のアクセント

4. イ形容詞（形容詞）のアクセント

5. アクセント核の移動・変化

実力診断クイズ

本章を学ぶ前に、
以下の問題に挑戦してみて、
どのくらい解けるか探ってみましょう。
難しいと思われる問題は
この章で解決することを目指しましょう。

╱ 5

【 】内に示した観点から見て、他と性質の異なるものを一つ選んでください。

（1）【名詞のアクセント】

　　1　正月　　　2　妹　　　3　弟　　　4　居眠り　　　5　読み方

（2）【名詞のアクセント】

　　1　いちご　　　2　命　　　3　いぶき　　　4　酸素　　　5　あわび

（3）【動詞のアクセント】

　　1　座る　　　2　眠る　　　3　騒ぐ　　　4　あげる　　　5　浴びる

（4）【形容詞のアクセント】

　　1　黄色い　　　2　赤い　　　3　厚い　　　4　暗い　　　5　大きい

（5）【複合語のアクセント】

　　1　中継ぎ貿易　　　2　労働条件　　　3　最高裁判所
　　4　商船学校　　　5　細胞分裂

解答と解説

（1）**4　居眠り**（いねむ＼り）

　　4のみ起伏式の中高型（－2型）。1「正月（しょうがつ＼）」、2「妹（いもうと＼）」、3「弟（おとうと＼）」、5「読み方（よみかた＼）」は起伏式の尾高型（－1型）。

（2）**1　いちご**（いちご￣）

　　1のみ平板式（0型）。2「命（い＼のち）」、3「いぶき（い＼ぶき）」、4「酸素（さ＼んそ）」、5「あわび（あ＼わび）」は起伏式の頭高型（－3型）。

（3）**3　騒ぐ**（さわ＼ぐ）

　　3のみ起伏式の中高型（－2型）。1「座る（すわる￣）」、2「眠る（ねむる￣）」、4「あげる（あげる￣）」、5「浴びる（あびる￣）」は平板式（0型）。

（4）**5　大きい**（おおき＼い）

　　5のみ起伏式の中高型（－2型）。1「黄色い（きいろい￣）」、2「赤い（あかい￣）」、3「厚い（あつい￣）」、4「暗い（くらい￣）」は平板式（0型）。

（5）**3　最高裁判所**（さいこうさいばんしょ￣）

　　3のみ平板式（0型）。1、2、4、5は後ろの語の2拍目から下がる。

　　1　なかつぎぼ＼うえき　　　　2　ろうどうじょ＼うけん

　　4　しょうせんが＼っこう　　　　5　さいぼうぶ＼んれつ

　　※以上は『NHK日本語発音アクセント新辞典』による。

コラム

アクセント記号に慣れよう！

　アクセントの聞き取りが苦手な場合は、アクセント辞典でアクセントを「見る」習慣も必要です。アクセントは様々な示し方がされますが、『NHK日本語発音アクセント新辞典』（2016年発行）の示し方に慣れておくとよいでしょう。また、アプリでは音声を聞くこともできますから、「聞く」練習、「目で見ながら→聞く」練習も試してください。

例：イネム＼リ　　スワル￣

　『NHK日本語発音アクセント新辞典』では、アクセントの下がり目（アクセント核）を「＼」で示します。「￣」は下がり目のない平板式を表します。

1. 日本語のアクセント

（1）日本語のアクセント

　日本語のアクセントは、自然に社会の慣習として定まってきたものです。「社会の慣習として」ということは、国のどこかの機関が決めたというものではありません。

　日本語の共通語のアクセントは、「拍の相対的な高低の配置」なので、「**高低アクセント（ピッチアクセント／pitch accent）**」と言います。

　次の語群のアクセントを（共通語で）観察してください。

鼻	花	飴	雨	国語辞典
熱い	暑い	厚い	難しい	
行く	来る	食べる	さて	けれども

　これらの語群からどんなことがわかるのでしょうか。

①1拍目と2拍目は必ず高さが違います。「鼻」や「行く」は1拍目が低いのですが、2拍目は高くなります。「雨」や「来る」などは1拍目が高く、2拍目は低く配置されています。

②**アクセントの下がり目**のことを「**アクセント核**」、あるいは「**アクセントの滝**」と言います。

　ポイントは、日本語のアクセントは一度下がったら、二度と上昇しないということです。したがって、1語の中でアクセントの高いところは必ず1か所です。例えば、「暑い」と「国語辞典」を見てください。高い拍が「暑い（低高低）」のように1語中1拍と言うことも、「国語辞典（低高高高低低）」のように1語中3拍まとまっていると言うこともありますが、とにかく1か所です。

（2）アクセントの機能

　「雨」（あ＼め）と「飴」（あめ￣）が示すように、アクセントの高低は、単語の区別に関わります。このように単語を区別することを「アクセントには**識別機能**がある」と言います。識別機能の代わりに「**弁別機能**がある」と言うこともあります。

　また「にわにわにわとりがいる」という1文を「高低低高高低低高高低高」というアクセントで読むと「二羽、庭には、鳥が、いる」となります。一方で「低高高低低高高高高低高」というアクセントの配置になると「庭には、鶏が、いる」ということを表します。このような文中の語や文節のまとまりに関わる働きを「アクセントには**統語機能**がある」と言います。「あさごはんをたべた」のアクセントを「高低高低低低高低低」か、「低高高低低低高低低」か、と考えると、前者は「朝、ご飯を食べた」ことですが、後者は「朝ご飯を、食べた」ことになります。これも統語機能が働いたことになりますね。

ワーク

1.「アクセント」に関する記述として、不適当なものを一つ選んでください。

1　日本語の共通語のアクセントは、拍の相対的な高低の配置である。

2　日本語の共通語のアクセントは1拍目と2拍目の高さが違う。

3　日本語の共通語のアクセントは、内閣告示で示されている。

4　日本語の共通語のアクセントは一度下がったら二度と上昇しない。

2．次の文の（　）に適当なことばを入れてください。

　日本語のアクセントは、社会の慣習で決まる。日本語のアクセントは、「拍の相対的な高低の配置」なので（①　　　　　　　　　　）と言う。

　「熱い」「厚い」「行く」「来る」「食べる」「けれども」などのアクセントを観察してみると、1拍目と2拍目のアクセントは必ず異なる。1拍目が低ければ2拍目のアクセントは必ず（②　　　　　　　）。

　「雨」「国語辞典」「暑い」「難しい」「食べる」などのアクセントを観察してみると、1語中のアクセントの（③　　　　　　　）は必ず1か所であることがわかる。

　アクセントが単語を区別することを「アクセントには（④　　　　　　　　　）がある」と言う。また、アクセントが文中の語や文節のまとまりに関わる働きを「アクセントには（⑤　　　　　　　　）がある」と言う。

【解答と解説】

1.　3

　　1、2、4は、共通語の特徴であり、日本語教育では基本的に共通語のアクセントを指
　　導する。

2.　①高低アクセント（ピッチアクセント）　②高い
　　③高いところ　④識別機能（弁別機能）　⑤統語機能

２．名詞のアクセント

（１）アクセントの型の表し方１

名詞のアクセントの型を、次のような図で整理してみます。 🔊01

		1拍語	2拍語	3拍語	4拍語	5拍語
平板式		は(葉)が	はし(端)が	うりばが	えんぴつが	きっさてんが
起伏式	尾高型		はし(橋)が	ことばが	いもうとが	じゅうにがつが
	中高型			いとこが	とちぎしが	さかさふじが
					くだものが	げつようびが
						おかあさんが
	頭高型	は(歯)が	はし(箸)が	いのちが	おんがくが	セレモニーが

　名詞のアクセントは大きく**平板式**と**起伏式**に分けます。平板式は一つですが、起伏式は、**尾高型**、**中高型**、**頭高型**の三つに分けます。

　「葉が、端が、売り場が、鉛筆が、喫茶店が」と声を出して読んでください。一度上がったアクセントが低くなることはありません。これが**平板式**です。

　「橋が、ことばが、妹が、十二月が」と読んでみると「おや？　平板式？」と思うほど、各語は平板式のアクセントと類似していますが、助詞「が」で、すとんと低くなります。これが**起伏式**の中の「**尾高型**」です。

　「いとこが、栃木市が、逆さ富士が」、「果物が、月曜日が」、「お母さんが」では1語の真

22

ん中が高くて両端が低いという特徴を持っていますから、起伏式の中の「**中高型**」です。

「歯が、箸が、命が、音楽が、セレモニーが」というのは、どうですか。語頭（ことばの初め）が高くて、２拍目以降はすべて低くなります。そこで、起伏式の中の「**頭高型**」と呼びます。

さて、表の語を見ると、いずれの語にも助詞の「が」がついています。「が」を付けることによって、「鼻が」（はなが￣）、「花が」（はな＼が）のようにアクセントの型を区別することができます。

例えば、「日本」（にほ＼ん）に助詞の「の」を付けて「日本の」としてみると「日本」のアクセントが「にほん￣」になって、もともとのアクセントを変えてしまいます。そこで、類似したアクセントの正確さを決定するためには、その名詞本来のアクセントを変える恐れのない助詞「が」を使うということになっています。

名詞の「花」と「鼻」は同じアクセントですが、助詞の「が」を付けるとどうなるでしょうか。「花が」（はな＼が）、「鼻が」（はなが￣）と異なったアクセントになります。「花が」（はな＼が）は起伏式の尾高型、「鼻が」（はなが￣）は「が」が高くなるので平板式です。アクセントの型を見分けるには、アクセントの下がり目（アクセント核）はないのか、あるとすればどこにあるのかを確認することが重要です。

もう一つ例を見てみましょう。「葉」と「歯」ではどうでしょうか。「葉が」と「歯が」を共通語で発音してみてください。「葉が」は１拍目が低く２拍目が高い「はが￣」ですが、「歯が」は「は＼が」のアクセントになりますね。「が」は大きな役割を担っています。

次に、１拍語を見てください。「葉が、歯が」の２語があります。２拍語は「端が、橋が、箸が」の３語です。３拍語は４語、４拍語は５語あります。５拍語は６語あります。このことから「n拍語には、n＋1種類のアクセントの型がある」と言うことができます。

（２）アクセントの型の表し方２

アクセントの型の表し方には、別の言い方もあります。

平板式の１拍語「は（葉）が」から５拍語「きっさてんが」までは、「は（が）￣」「はし（が）￣」「うりば（が）￣」「えんぴつ（が）￣」「きっさてん（が）￣」というアクセントです。アクセントの下がり目（アクセント核）がありませんから、「**0型**」（ゼロ）のアクセントと言います。

起伏式の尾高型の２拍語「はし（橋）が」から５拍語「じゅうにがつが」はどうですか。例えば、「はし」は、「し」が高くて助詞「が」は下がりますから、尾高型をしています。「はし＼（が）」「ことば＼（が）」「いもうと＼（が）」「じゅうにがつ＼（が）」となります。このように語末までは高いのですが助詞「が」からアクセントが下がる型を「**−1型**」（マイナス）と言います。

起伏式の中高型の３拍語「いとこが」から５拍語「さかさふじが」は、「いと＼こ（が）、とちぎ＼し（が）、さかさふ＼じ（が）」のようにアクセントの下がり目（アクセント核）が語末から数えて２拍目にあるので「**−2型**」と言います。

同じ起伏式の中高型でも「くだものが」「げつようびが」「おかあさんが」はどうですか。「くだ＼もの（が）」「げつよ＼うび（が）」は「－3型」、「おか＼あさん（が）」は「－4型」です。

頭高型の1拍語「は（歯）が」から5拍語「セレモニーが」までは、「は＼（が）」が「－1型」、「は＼し（が）」が「－2型」、「い＼のち（が）」が「－3型」、「お＼んがく（が）」が「－4型」、「セ＼レモニー（が）」が「－5型」と示します。

以上の示し方はつまり、語の後ろから拍を数えて「アクセントの下がり目（アクセント核）」を求め、「－〜型」とする表現で、本書でも用います。

アクセントの表し方は、様々ありますから辞書などで調べてみてください。

ワーク ✏

- -

1. p.22 の名詞のアクセントを音声に合わせて音読してみましょう。 🔊 01

2. 【 】内に示した観点から見て、他と性質の異なるものを一つ選んでください。

（1）【平板式】

　　1　歯　　　　2　売り場　　　3　鉛筆　　　4　端　　　5　喫茶店

（2）【尾高型】

　　1　橋　　　　2　ことば　　　3　妹　　　　4　いとこ　　5　お正月

（3）【頭高型】

　　1　箸　　　　2　命　　　　　3　果物　　　4　音楽　　　5　ダイニング

3. 次の文の（ ）に適当なことばを入れてください。

　　名詞のアクセントは大きく平板式と（①　　　　　　　）に分けられる。平板式は一つだが、（　①　）は、尾高型、中高型、（②　　　　　　　）の三つである。

　　例えば、「鼻」と「花」のアクセントを区別する場合には、助詞の「（③　　　　　　　）」を付けてみるとよい。「鼻」のアクセントが平板式、「花」のアクセントが（　①　）の尾高型ということがわかる。

　　「名詞のアクセントには何種類あるか」という問いには、「n拍語には、（④　　　　　　　）」と答えることができる。平板式のアクセントは「アクセントの下がり目＝アクセントの核」がないので、「0型」のアクセントと表現することがある。同じように表現する場合、「果物」と「月曜日」は（⑤　　　　　　）であり、「お母さん」は－4型である。

　　頭高型の場合、「歯」は－1型であるが、「箸」は（⑥　　　　　　　）である。

【解答と解説】

1. 解答省略

2. （1）1　歯

　　　　1「歯」は起伏式の頭高型（－1型）。

　　（2）4　いとこ

　　　　4「いとこ」は起伏式の中高型（－2型）。

　　（3）3　果物

　　　　3「果物」は起伏式の中高型（－3型）。

3. ①起伏式　②頭高型　③が　④n＋1種類ある　⑤－3型　⑥－2型

第 2 章

2. 名詞のアクセント

3. 動詞のアクセント

　基本的に動詞の辞書形（終止形）のアクセントは①０型と、②−２型の２種類です。動詞のアクセントは助詞の「が」を付けて判断することはしません。

　動詞が「〜ない、〜て、〜ます、〜ながら、〜ば、〜う」などに接続する場合のアクセントは、「０型」には「０型」の、「−２型」には「−２型」のアクセントの特徴があります。０型と−２型の活用におけるアクセントの下がり目（アクセント核）が異なることを以下の例で確認してみてください。

① 平板式（０型）の動詞 （◀))02

　辞書形の１拍目のアクセントは低く、２拍目以降は高くなります。アクセントの下がり目（アクセント核）が動詞の辞書形にはないアクセント形式が０型です。

・２拍語

　　着る　居る　寝る　煮る　聞く　貸す　買う　知る
　　きる￣：きない￣　きて￣　きま＼す　きながら￣　きれ＼ば　きよ＼う

・３拍語

　　決める　足りる　燃える　学ぶ　並ぶ　貰う
　　きめる￣：きめない￣　きめて￣　きめま＼す　きめながら￣　きめれ＼ば　きめよ＼う

・４拍語

　　出かける　教える　比べる　働く　始まる　重なる　ぶつかる
　　でかける￣：でかけない￣　でかけて￣　でかけま＼す　でかけながら￣
　　　　　　　　でかけれ＼ば　でかけよ＼う

②起伏式（−２型）の動詞 （◀))03

　辞書形の語末から語頭に向かって２拍目にアクセントの下がり目（アクセント核）があるアクセント形式が−２型です。

・２拍語

　　見る　出る　射る　飲む　取る　住む
　　み＼る：み＼ない　み＼て　みま＼す　みな＼がら　み＼れば　みよ＼う

・3拍語

　　　食べる　見える　下げる　包む　選ぶ　休む

　　　たべ＼る：たべ＼ない　た＼べて　たべま＼す　たべな＼がら　たべ＼れば　たべよ＼う

・4拍語

　　　育てる　調べる　届ける　頑張る　手伝う　疲れる

　　　そだて＼る：そだて＼ない　そだ＼てて　そだてま＼す　そだてな＼がら

　　　　　　　　　　そだて＼れば　そだてよ＼う

　　例外的に、「帰る（かえる [kaerɯ]）」における [ae] のように母音が並ぶもの（連母音）、「申す（もうす [mo:sɯ]）」における [o:] のように長音がある場合などは、−3型になります。「か＼える」、「も＼うす」というアクセントです。

ワーク

1. p.26 〜 p.27 の0型と−2型の動詞をアクセントの下がり目（アクセント核）に注意して、音声に合わせて音読してみましょう。◀))02　◀))03

2. 次の文の（　）に適当なことばを入れてください。

　　基本的に動詞のアクセントは、アクセントの下がり目のない（①　　　　　　　）型、動詞の辞書形の後ろから2拍目にアクセントの下がり目がある（②　　　　　）型の2種類である。

　　例外的に、「帰る、返る」などの（③　　　　　　）がある場合、「申す」のように長音がある場合などは（④　　　　　　）型になる。

　　動詞の活用によって0型には0型の共通したアクセントがあり、−2型には−2型の共通したアクセントがある。例えば「ない」に接続する場合、−2型は何拍語でも「ない」が低いアクセントであり、0型は2拍目以降すべて高いアクセントを保って（⑤　　　　　　　　　）が出現しない。

【解答】

1. 解答省略

2. ①0　②−2　③連母音　④−3　⑤アクセントの下がり目（アクセント核）

4. イ形容詞（形容詞）のアクセント

さて、形容詞は「美しい花」というように、名詞を修飾するときは活用形が「～い」なので、日本語教育では「イ形容詞」と言います。同じように名詞を修飾する形容動詞の場合は、「安全な街」のように活用形が「～な」になりますから「ナ形容詞」と言います。

イ形容詞は、3拍語と4拍語が多いという特徴があります。5拍語のイ形容詞として「難しい、新しい、忙しい、面白い」などがありますが、それほど多くはなく、2拍語に至っては一般的には「よい（いい）、ない、濃い、酸い」の4語だと言われています。

平板式は、3拍語と4拍語を合わせて30種類くらいしかないと言われています。その他は起伏式の－2型であると考えられています。イ形容詞の中では、起伏式の3拍語と4拍語が多いというのが現代語の姿です。

① 平板式（0型）のイ形容詞 （◀)）04

・3拍語

　赤い　厚い　硬い　暗い　遠い

　あかい￣：あかいと￣　あかくな＼る　あか＼かった　あか＼ければ

・4拍語

　明るい　いけない　黄色い　危ない　おいしい

　あかるい￣：あかるいと￣　あかるくな＼る　あかる＼かった　あかる＼ければ

② 起伏式（－2型）のイ形容詞 （◀)）05

・2拍語

　濃い　酸い　ない　よい（いい）

　こ＼い：こ＼いと　こ＼くなる　こ＼かった　こ＼ければ

・3拍語

　辛い　黒い　怖い　寒い　狭い　高い　強い　長い　早い
（から）

　から＼い：から＼いと　か＼らくなる　か＼らかった　か＼らければ

・4拍語

　嬉しい　まぶしい　おかしい　苦しい　楽しい　涼しい

　うれし＼い：うれし＼いと　うれ＼しくなる　うれ＼しかった　うれ＼しければ

・5拍語

　美しい　新しい　忙しい　珍しい

　うつくし＼い：うつくし＼いと　うつく＼しくなる　うつく＼しかった　うつく＼しければ

ワーク ✏

----

1. 次の質問に答えてください。

（1）イ形容詞の2拍語はいくつあるか。

（2）イ形容詞は平板式と起伏式とどちらが多いか。

（3）イ形容詞は何拍語が多いか。

2. あなたは次のイ形容詞を平板式（左）、起伏式（右）のどちらで発音しますか。

あかい￣	あか＼い	あかるい￣	あかる＼い
あぶない￣	あぶな＼い	あやしい￣	あやし＼い
いやしい￣	いやし＼い	おいしい￣	おいし＼い
よろしい￣	よろし＼い		

【解答と解説】

1.（1）日本語のイ形容詞の2拍語は起伏式（－2型）「よい（いい）、ない、濃い、酸い」の4
　　　　語のみだと言われている。
　（2）起伏式が多い。
　（3）3拍語と4拍語が多い。

2. 解答省略
　　この問題には正解がない。現在、平板式のイ形容詞とされているものが、起伏式に影響
　　されて、起伏式で発音するという現象を引き起こしている。このように平板式で発音する
　　場合も起伏式で発音する場合も存在するような状態を「アクセントの揺れ」と言う。この
　　ワークでは「揺れ」があることを体験してみた。

第
2
章

4．イ形容詞（形容詞）のアクセント

5．アクセント核の移動・変化

（1）複合語のアクセント

　これまで「山」や「桜」といった1語単位でのアクセントを観察してきましたが、二つ以上の構成要素が結合した「複合語」のアクセントはどうなるでしょうか。複合語になると、アクセント核の位置が移動することがあります。どのようにアクセント核が移動するのかという観点で以下の語を観察してみます。

　なお、ここでは二つ以上の構成要素が結合した語彙は派生語も含めすべて複合語ととらえ、示します。

① 後項が平板式になる場合：色　家　語　行き　村　など　🔊06

さくら￣＋いろ＼　→　さくらいろ￣	むら＼さき＋いろ＼　→　むらさきいろ￣
せいじ￣＋か￣　→　せいじか￣	ど＼りょく＋か￣　→　どりょくか￣
にほ＼ん＋ご＼　→　にほんご￣	ちゅ＼うごく＋ご＼　→　ちゅうごくご￣
きょ＼うと＋ゆき￣　→　きょうとゆき￣	く＼も＋ゆき￣　→　くもゆき￣

② 後項が低くなる場合：会　川　駅　力　費　など　🔊07

きょ＼うぎ＋か＼い　→　きょうぎ＼かい	せ＼いと＋か＼い　→　せいと＼かい
し＼なの＋かわ＼　→　しなの＼がわ	セ＼ーヌ＋かわ＼　→　セーヌ＼がわ
つうか￣＋え＼き　→　つうか＼えき	じょうしゃ￣＋え＼き　→　じょうしゃ＼えき
きおく￣＋りょ＼く　→　きおく＼りょく	ねんちゃく￣＋りょ＼く　→　ねんちゃく＼りょく

③ 後項の1拍目にアクセント核が現れる場合：峠　雲　意識　主義　具合　など　🔊08

おと＼め＋とうげ＼　→　おとめと＼うげ	しお＼じり＋とうげ＼　→　しおじりと＼うげ
いわし￣＋く＼も　→　いわしぐ＼も	ひこ＼うき＋く＼も　→　ひこうきぐ＼も
せいじ￣＋い＼しき　→　せいじい＼しき	み＼んぞく＋い＼しき　→　みんぞくい＼しき
み＼んしゅ＋しゅ＼ぎ　→　みんしゅしゅ＼ぎ	こ＼じん＋しゅ＼ぎ　→　こじんしゅ＼ぎ

（2）アクセントの平板化

　「ゲーム」「ドラマ」などのことばは、アクセント辞典には起伏式のアクセントで「ゲ＼ーム」「ド＼ラマ」のように示されていますが、「ゲーム￣」「ドラマ￣」と語の後方が高くなる平板式で発音する人もいるのではないでしょうか。このように、従来は起伏式アクセントで発音されていたことばが平板式になることを「**アクセントの平板化**」と言います。若者が言い始めることが多い傾向があります。

　「モデル￣」と「モ＼デル」、「パンツ￣」と「パ＼ンツ」のように、アクセントを起伏式と

平板式に変えることによって、「アクセントの識別機能」が働いて、意味が区別されることば
も出てきました。

ワーク ✎

1.【 】内に示した観点から見て、他と性質の異なるものを一つ選んでください。

（1）【複合語のアクセント核】

  1 桜色 2 通過駅 3 京都行き 4 政治家 5 日本語

（2）【複合語のアクセント核】

  1 いわし雲 2 民族意識 3 努力家 4 乙女峠
  5 民主主義

2.次の文の（ ）に入れるのに適当なほうを選んでください。

 ことばとことばが結合して新たなことばとして定着するとアクセントの核が移動する。例え
ば「紫」という（① a 平板式 b 起伏式）のことばと「色」という（② a 平板式 b 起
伏式）のことばが1語になったとき、（③ a 平板式 b 起伏式）のことばになる。

 「ゲ＼ーム」「ド＼ラマ」のアクセントが「ゲーム￣」「ドラマ￣」と後方が高くなって、ア
クセントの下がり目がなくなることをアクセントの（④ a 平板式 b 平板化）と言う。

【解答と解説】

1.（1）2 通過駅（つうか＼えき）

   2のみ後項の「えき」が低くなる起伏式。1「桜色（さくらいろ￣）」、3「京都行き
   （きょうとゆき￣）」、4「政治家（せいじか￣）」、5「日本語（にほんご￣）」は
   平板式。

  （2）3 努力家（どりょくか￣）

   3のみ後項「か」も高くなる平板式。1「いわし雲（いわしぐ＼も）」、2「民族意識
   （みんぞくい＼しき）」、4「乙女峠（おとめと＼うげ）」、5「民主主義（みんしゅ
   しゅ＼ぎ）」は起伏式。

2.① b 起伏式 ② b 起伏式 ③ a 平板式 ④ b 平板化

実力診断テスト

下線を引いた部分について、学習者がどのようなアクセント形式で言ったかを聞いて、該当するものを一つ選んでください。 🔊09

（1）あのう、来週末、母が国から参ります。

1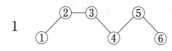

2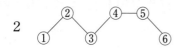

3

4

（2）きのうのお花見はどうでしたか。

1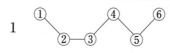

2

3

4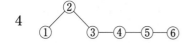

（3）夕方までに<u>会議</u>の<u>資料</u>をまとめます。

1

2

3

4

（4）いろいろお話を<u>伺いたいと</u>思います。

1 ①／②③④＼⑤⑥⑦

2 ①／②＼③／④⑤⑥＼⑦

3 ①②／③④⑤＼⑥⑦

4 ①②＼③④⑤⑥⑦

（5）はい、<u>日本</u>の<u>生活</u>に慣れました。

1 ①／②＼③④⑤／⑥⑦⑧

2 ①／②＼③／④⑤⑥⑦⑧

3 ①②＼③④⑤⑥⑦⑧

4 ①②／③④＼⑤⑥⑦⑧

（6）すみません。「<u>貧乏暇なし</u>」、わかりません。

1 ①＼②③／④＼⑤⑥⑦⑧

2 ①＼②③④／⑤＼⑥⑦⑧

3 ①／②＼③④／⑤⑥⑦＼⑧

4 ①／②＼③④⑤／⑥⑦＼⑧

実力診断テスト　解答と解説

（1）**1**　　（2）**4**　　（3）**4**　　（4）**3**　　（5）**1**　　（6）**2**

　本章の実力診断テストは、共通語のアクセントではなく、「学習者の問題のあるアクセント」を聞き、その問題をキャッチできるか否かを問う。共通語のアクセントは1拍目と2拍目の高さは異なるが、学習者の問題のあるアクセントの場合は、1拍目と2拍目の高さが同じ場合もあるから注意する。

　本章の問題のような6拍語、7拍語、8拍語の場合、語が長く、苦手意識を感じる人もいるだろう。その場合は次のように拍を分けると考えやすくなる。初頭の記憶は残りやすいので、まず、初頭の3拍をしっかり聞き取る。この3拍で選択肢はほぼ半減するはずだ。4拍目、5拍目が高いか低いかに耳を澄まし、最後の2拍ないし3拍で決定すると正解になる。

コラム　世界の言語のアクセント

　無アクセントとは、アクセントに決まりがないことを言います。無アクセントの地域は日本の各地に点在しています。例えば、仙台・福島などの東北地方や水戸、熊本・佐賀などの九州地方にも点在しています。韓国語のソウル方言も無アクセントと言えるでしょう。なぜなら音の高低によって意味を区別することがないからです。

　強弱アクセント（stress accent）は、際立たせたい部分を強く発音します。ロシア語・英語・ドイツ語などです。例えば英語の "phonetic" の発音記号は [fənétɪk] ですから、[é] を強く発音します。強弱アクセントです。

　固定式アクセントには、語頭に常にアクセントが付けられるフィンランド語があります。フィンランド語のアクセントは語の最初の母音を強めに発音する固定式アクセントです。

　声調は、音節内の調子によってことばの意味を区別します。声調を持つ言語の例には、四声が特徴的な中国語があります。中国語は1音節の中で、①高い調子を保つ、②末尾に向かって上昇する、③真ん中で少し下がってから急上昇する、④末尾に向かって下降する、という声調によって語の意味を区別する言語です。ちなみにベトナム語は5種（南部）と6種（北部）の声調を持つ言語であり、タイ語は5種の声調を持つ言語です。

第3章

韻律（プロソディ）

第3章では、韻律について考察します。韻律とは、発話した音声の、アクセント、拍、リズム、プロミネンス、イントネーション、ポーズなどを指し、プロソディとも言います。学習者がどのような点で問題を起こしやすいか、また、指導の方法についても考えましょう。

1. アクセントの下がり目

2. 拍の長さとリズム

3. プロミネンス

4. イントネーション

5. ポーズの位置

実力診断クイズ

本章を学ぶ前に、
以下の問題に挑戦してみて、
どのくらい解けるか探ってみましょう。
難しいと思われる問題は
この章で解決することを目指しましょう。

/5

次の教師と学習者のやり取りの中で、下線部分の発音上の問題点として適当なものを一つ選んでください。 🔊10

（1）教師　　：あしたの「海の日」は何をしますか。

　　学習者：佐藤さんとお台場へ行く<u>約束</u>をしました。

　　　1　拍の長さ　　　　2　アクセントの下がり目

（2）教師　　：住むところは、決めましたか。

　　学習者：はい、駅に近い<u>アパート</u>に決めました。

　　　1　アクセントの下がり目　　　2　拍の長さ

（3）教師　　：どんな音楽が好きですか。

　　学習者：アニメソングが<u>好きです</u>。

　　　1　イントネーション　　　2　プロミネンス

（4）教師　　：夏休みにどこへ行きたいですか。

　　学習者：日光へ<u>行きたいです</u>。

　　　1　句末・文末のイントネーション　　　2　アクセントの下がり目

（5）教師　　：その新しい辞書はいいですか。

　　学習者：はい、スラングも出ていて、<u>役に立ちます</u>。

　　　1　拍の長さ　　　2　ポーズ

どうだったかなぁ？

解答と解説

（1）2　アクセントの下がり目

「約束」のアクセントは「低高高高」であるが、「低高低低」と発音した。アクセントの下がり目に問題がある。

（2）2　拍の長さ

4拍の「アパート」を、「アパト」と3拍で発音したので、拍の長さに問題がある。

（3）2　プロミネンス

「どんな」と聞いているので、「アニメソング」を際立たせたいところだが、「好きです」と述語にプロミネンスを置いてしまったので、プロミネンスに問題がある。

（4）1　句末・文末のイントネーション

質問に対する返答なので、文末のイントネーションを下降調にして聞き手に答えるところ、文末を上昇させてしまった。

（5）2　ポーズ

「や」と「く」の間にポーズ（＝間）を入れてしまった。「役に立ちます」は、ポーズを入れずにひとまとまりで発音しないと意味が伝わらないので、通常、ポーズを置くことはしない。

1. アクセントの下がり目

　日本語のアクセントについては、すでに第2章で学びました。しかし、教室活動での指導においては、会話におけるアクセントに問題があるかないか、あるいはアクセントのどんなところに問題があるのかなどを理解しておくことが必要です。

　次の文を、意味を考えながら発話してみてください。

> コーヒーがいっぱいあります。

　コーヒーが「1杯ある」というイメージでしょうか。「たくさん（何杯も）ある」というイメージでしょうか。どちらの意味で発話したかによって、「いっぱい」の**アクセントの下がり目**（**アクセント核**）が変わってきます。

🔊 11

| 例1 | コーヒーがい＼っぱいあります。　（いっぱい＝1杯）
| 例2 | コーヒーがいっぱい￣あります。　（いっぱい＝たくさん）

　いかがでしょうか。アクセントの下がり目は、意味の違いに関わることがわかります。
　また、次の例3と例4を見てください。

🔊 12

| 例3 | （外国人記者）首相、ほ＼うどう（報道）の自由について説明してください。
| 例4 | この店はタイ料理がたべら＼れます（食べられます）。

　名詞の「報道」はアクセントの下がり目のない0型で、動詞の「食べられます」は−2型ですが、これらの例の話し手は、正しくないところにアクセントの下がり目を置いてしまいました。意味は伝わりますが、聞き手に「あれ？」と思わせます。いわゆる日本語の「熟達者」のレベルでも、日本語学習の最初の段階で問題のあるアクセントを直さないままにされていると、このような例を引き起こすことがあります。

　学習者の多くは、母語話者と同じような発音を学びたいと願って学習をしています。このことを考えると、アクセントの下がり目も学習の最初の段階から指導することが必要だと言えます。

　日本語学習では文法も語彙の意味も文化的背景も指導しなければなりませんが、少しずつでも初期の段階からアクセントの指導をすることが自然な発話のできる結果に結びつきます。

ワーク ✏

下線を引いた部分について、学習者がどのようなアクセント形式で言ったかを聞いて、該当するものを一つ選んでください。 🔊 13

（1）さあ、昼<ruby>昼<rt>ひる</rt></ruby>ご<ruby>飯<rt>はん</rt></ruby>です。

 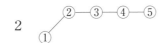

（2）これは<ruby>文<rt>もん</rt></ruby><ruby>部<rt>ぶ</rt></ruby><ruby>科<rt>か</rt></ruby><ruby>学<rt>がく</rt></ruby><ruby>省<rt>しょう</rt></ruby>の規格です。

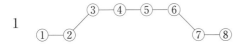 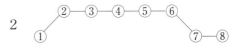

（3）桜の木の、<ruby>葉<rt>は</rt></ruby>が<ruby>落<rt>お</rt></ruby>ちたね。

   1　①／②③＼④⑤　　　　　　2　①＼②／③＼④⑤

（4）わあ、ずいぶん<ruby>厚<rt>あつ</rt></ruby>いピザですね。

   1　①／②③④＼⑤　　　　　　2　①／②＼③／④＼⑤

第 3 章　1. アクセントの下がり目

【解答と解説】

（1）2

　「昼ご飯」の共通語のアクセントは「低高高低低」であるが、ここでは問題のあるアクセントの2「低高高高高」で発音した。意味は伝わるかもしれないが、違和感を抱かせる可能性がある。

（2）1

　「文部科学省」の共通語のアクセントは「低高高高高高低低」であるが、ここでは問題のあるアクセントの1「低低高高高高低低」で発音した。意味は伝わるかもしれないが、違和感を抱かせる可能性がある。

（3）2

　「葉が落ちた」の共通語のアクセントは「低高高低低」であるが、ここでは問題のあるアクセントの2「高低高低低」で発音した。「葉が」ではなく、「歯が」のように聞こえてしまう可能性がある。

（4）2

　「厚いピザ」の共通語のアクセントは「低高高高低」であるが、ここでは2「低高低高低」で発音した。「厚い」ではなく、「熱い」の意味になってしまい、発話意図が正しく伝わらない。

2. 拍の長さとリズム

　仮名1文字（拗音のみ2文字）を発音している間の時間的長さは等しい、ということをすでに学びました。発音している仮名の1文字の時間的長さを1拍として数えます。すなわち、「地図を買いました」の「地図」なら2拍と数え、「チーズを買いました」の「チーズ」は3拍と数えます。拍の長さが異なると、意味の違いを引き起こすことにもなりますから、拍の長さもおろそかにはできないということです。「拍の長さ」に関して、日本語の学習者は次の例1～例4のような問題を抱えていることがあります。

🔊 14

例1　友だちが国に帰ったので、<u>さびし</u>（寂しい）です。
例2　友だちが着いたとメールを<u>おくて</u>（送って）きました。
例3　疲れたので、電車の中で<u>ねむちゃた</u>（眠っちゃった）んです。
例4　きのうは、友だちとテニスを<u>しった</u>（した）んです。

　例1の「寂しい」は4拍、例2「送って」も4拍ですが、どちらも3拍で発音したことになります。また、例3は「眠っちゃった」の6拍を4拍で、例4「した」の2拍を3拍で、発音しました。いずれも「拍の長さ」に問題があるととらえます。このような問題に関して教室では、拍の長さを意識させる指導が必要になります。

　では、どのように指導すればよいのでしょうか。例4の「した」の場合を考えてみましょう。まず、最初の段階では「した」は、2拍であることを意識できるようにします。「した」と言いながら、手を2回叩いてもよいでしょう。○などを二つ板書してもよいでしょう。「しった」が3拍になってしまうことをわからせる工夫が必要です。

　一方で、動詞には「取った」「待った」という促音化するグループと「見た」「来た」と促音の入らないグループがあることも早い段階から意識化する指導も必要でしょう。使用するテキストの相当箇所の動詞の整理を教案の中に盛り込んでおくと効果的です。語彙は広げすぎると学習者の負担になりますから、「既習の語彙＋当日学習する語彙」に留めましょう。

　しかし、過剰に意識して1拍1拍を区切って、「し・た・ん・で・す」のように5拍を細切れにして発音することの難点は、自然な発音にならないということです。日本語母語話者のような自然な日本語は2拍でひとまとまりのリズムを作っているからです。

　例えば、「1 2 3 4 5 6……」を数えるときに「いち、にー、さん、しー、ごー、ろく……」と2拍をひとまとまりにして数えています。この2拍をひとまとまりにしたものを「**2拍フット**」と呼んでいますが、この2拍をひとまとまりにすることが、実は日本語の自然なリズムだという考えが近年浮上してきています。

次の①〜③を発音してフットの考え方のルールを発見してみましょう。

①とっ て くだ さい
　♩　♪　♩　　♩

②たべ られ ちゃっ たん です
　♩　♩　♩　♩　♩

③らい しゅう が いい です
　♩　♩　♪　♩　♩

（イ）「○っ」　①の「とっ」のように「仮名1文字＋促音」の順序のまとまりを2拍フットとする。

（ロ）「○ん」　②の「たん」のように「仮名1文字＋撥音」の順序のまとまりを2拍フットとする。

（ハ）「○母音」　③の「らい」「いい」のように「仮名1文字＋母音」の順序のまとまりを2拍フットとする。

（ニ）「仮名2文字」　②の「たべ」「られ」のように隣り合う仮名2文字をひとまとまりの2拍フットとする。

（ホ）「仮名1文字」　③の「来週がいい」の「が」のように前後の2拍フットから外れたときは、2拍フットの半分とする。

ワーク ✏

次の文の（　）に入れるのに適当なものを選んでください。

　学習者に「日本語らしい」リズムを指導する際、学習し始めの頃は、促音「っ」を1拍（1モーラ）と数えて「がっこう」は（① a 2拍　　b 3拍　　c 4拍）であることを意識させるが、日本語らしい流暢さを養成する段階になると、（② a 2拍フット　　b 3拍フット　　c 4拍フット）のリズムを使った練習をするとよい。

【解答】
① c 4拍　② a 2拍フット

3. プロミネンス

　発話の際、話し手は最も伝えたいことを際立たせて、聞き手に伝わるようにします。このようにある部分を際立たせることを**プロミネンス**または**卓立**と言います。一般的に、プロミネンスが置かれた部分の声を高くします。声を低くしたりゆっくり発音するなどのテクニックもありますが、声を高めたり大きくしたりすることによって際立たせるプロミネンスがより多く使われます。

　例えば、「おそば食べたいんだけど……。」という発話に対して「おそば屋さんならしなのやがいいよ。ほら、中町のしなのや。」と対応する場合、「しなのや」が最も伝えたいことなので、「しなのや」を際立たせます。高い声、あるいは、はっきりした声で「しなのや」にプロミネンスを置いて答えます。別の例も見てみましょう。

🔊 15

例1　A：王さんが結婚するって誰に聞いたんですか。
　　　学習者1：大原さんから聞きました。
　　　学習者2：大原さんから聞きました。

　Aさんは「誰に」と聞いていますから、この質問に対して学習者1の「大原さん」のように「誰に」に当たる部分にプロミネンスを置けば問題はないのですが、学習者2の応答のように「聞きました」にプロミネンスを置くのは不自然です。

🔊 16

例2　B：今日の学食おいしかったねえ。
　　　学習者1：ええ、すっごくおいしかったです。
　　　学習者2：ええ、すっごくおいしかったです。

　Bさんの発話に対して、「おいしかった」ことに同意を表す場合、学習者1のように「すごく」を強調するのが普通です。学習者2の「かったです」にプロミネンスを置くと不自然な表現ですから誤用として扱われます。

ワーク ✐

----

1. 次の文の（　）に入れるのに最も適当なことばを下の □ から一つ選んでください。

リズム　　　　　イントネーション　　　　プロミネンス　　　　プロソディー

　アクセントは基本的に1語の中の拍の高低の配置であるが、発話中の1文の中で、ある部分を際立たせて発音することを（　　　　　）を置くと言う。この（　　　　　）の置かれた部分に含まれる単語のアクセントは社会の慣習で決まっているので、アクセントの下がり目が変化することはない。（　　　　　）は単語1語に置かれることもあるが、単語を含む話者が最も伝えたいかたまりに置かれることもある。

2. 次の会話の中で、「応答している人が際立たせたらよい部分」はどこか、一つ選んでください。

（1）川田：キムさんは、どのくらい日本語を勉強していますか。

　　キム：₁えーっと、₂2年間　₃勉強しています。

（2）川田　：グエンさん、会社のレポートは何語で書きますか。

　　グエン：₁わたしは、₂英語で　₃書きます。

（3）川田　：今日の落語、おもしろかったですね。

　　ケント：₁すごく、₂おもしろ　₃かったです。

【解答と解説】

1. プロミネンス

2.（1）2　2年間

　　「どのくらい」と聞かれているので一般的に期間を際立たせる。

　（2）2　英語で

　　「何語」と聞かれているので言語名を際立たせる。

　（3）1　すごく

　　「おもしろい」という形容詞の状態の程度を応答者が答えるやり取りの中で、自然な日本語では「すごく」にプロミネンスを置く。学習者の誤用の中には「かったです」を強調することがしばしば見られるので指導者は注意しなければならない。

4．イントネーション

　一つの文、あるいは文を構成する句の音声の上昇・下降の調子をイントネーションと言います。イントネーションは1語の単位だけではなく数語に渡る音声の調子ですが、その中の各語句のアクセント形式は崩れません。保持されたままです。

　以下の例を見てみましょう。

🔊 17

例　A：あのかたはどなたですか。

　　B：こいけさんです。

　「あのかたはどなたですか。」という質問文では、「ですか」の部分は末尾に向かって上昇します。

　「こいけさんです。」という断定する文（平叙文）の場合は、どうなるでしょうか。文頭の「こ」は少し低い位置ですが「いけさん」の部分は高めに、「です」は文末に向かって下降することを指導すると自然な日本語のイントネーションになります。断定する文全体は「への字」の形です。

　イントネーションの中でも特に問題になるのが、**文末イントネーション**です。文末イントネーションには、以下のように話し手の心の中が現れます。

🔊 18

①**上昇調**：疑問、質問など

　　　　「山田さんは日本語教師ですか↗」

②**下降調**：説明、断定、納得など

　　　　「山田さんは日本語教師です↘」

③**平らな調子**：相手の反応を待つときや、何かに思いを巡らしているときなど

　　　　　　「山田さんは日本語教師なんですね→」

④**下降上昇調**：強い驚きや疑いなど

　　　　　　「山田さんは日本語教師なんですか〜⤴」

　日本語教育の現場では、「疑問・質問のときには上昇調」「説明や断定をするときには下降調」の二つを指導することが多いです。

　学習者が、上昇調と下降調を反対にすることがありますが、反対にしてしまうと発話のニュアンスがきちんと伝わらなくなります。指導の際は手振り、板書、パワーポイントなどでイントネーションの線を明示的に示してみてください。

ワーク ✏

次の会話の下線部分について、イントネーションをどのようにすれば適当か、考えてください。

A：(1)おや？　(2)これは何ですか。

B：(3)エアープランツです。

A：(4)ああ、聞いたことがあります。でも、初めて見ました。

【解答と解説】

（1）上昇調（疑問）

（2）上昇調（質問）

（3）下降調（説明）

（4）下降調（納得）

（1）、（2）、（3）は文末イントネーションを問う問題。（4）は句末イントネーションを問う問題で、聞き手が納得するときは下降調になる。

5．ポーズの位置

　発話中の音声が無音の瞬間を**ポーズ**、または間と言います。呼吸のために息を吸う瞬間ということなどを含め、数種のポーズを考えてみましょう。次の文を、声に出して読んでみてください。

> あまりにも重力が強いのでそこに近づくとどんなものでも逃れられない天体をブラックホールと名付けました。

　文が長いので、生理的にどこかで息継ぎをしたくなりませんか。そこで、次の㊔（＝ポーズ）とした部分で息継ぎをするとどうでしょうか。

🔊 19

例1　あまりにも重力が強いので ㊔ そこに近づくと ㊔ どんなものでも逃れられない天体を ㊔ ブラックホールと名付けました。

　息継ぎのためのポーズによって読みやすくなりますね。
　また、次の例は、㊔とした部分にポーズを置くことによって「聞き手の注意を引き付ける」という効果が期待できます。

🔊 20

例2　みなさん ㊔ 今年の冬のボーナスは ㊔ 2か月分と決定しました。

次の例3の場合はどうでしょうか。

🔊 21

例3　あした、雨が降る確 ㊔ 率は60％です。

　例1も例2も意味のまとまりをくずさないようにポーズを置いていますから問題は発生しませんでしたが、例3は「確率」という1語の間にポーズを置いてしまいましたので、意味が正しく伝わらないという問題が発生します。
　また、ポーズの置き方によって内容が正しく伝わらないことを、次の例4の①と②で考えてください。

🔊22

例4　①コリーさんは ㋩ 靴を脱ぎ捨てて草原を走り回る幼子をつかまえました。

　　　②コリーさんは靴を脱ぎ捨てて ㋩ 草原を走り回る幼子をつかまえました。

　①の場合、靴を脱ぎ捨てたのは幼子ですが、②ではコリーさんが靴を脱ぎ捨てて追いかけたことになります。ポーズの位置が不自然でない場合でも、その位置によって全く違う意味になってしまうことを、指導の際にも意識することが必要です。

　ポーズを置く場所は、どこでもいいというわけではありません。内容が正しく伝わる位置にポーズを置くことが大切です。

ワーク 🖊

校内のスピーチ大会に備えて、中級後半のクラスの授業で練習をしています。教師が「ポーズはどんなときに使えば効果的だと思いますか。」という質問をしました。次の1〜5は学習者の発言ですが、「ポーズの効果的な使い方」について、不適当なものを一つ選んでください。

1　デーブ：息継ぎのためにポーズを置いて話します。

2　リー：わたしは、聞き手の注意を引き付けるためにポーズを置きます。

3　ナオミ：意味のまとまりをくずさないようにポーズを置けばいいです。

4　プン：自分の発音が正しいかどうかを確認するためにポーズを置きます。

5　ハン：内容が正しく伝わるように気を付けてポーズを置きます。

【解答と解説】　4

1、2、3、5の発言はポーズの効果を伝えているが、4は一般的に「ポーズの効果」とは考えられていない。

第3章

5. ポーズの位置

47

実力診断テスト

1. 次の文の（　）に入れるのに適当なことばを下の ☐ から選んでください。

長崎物産展	8階	開催しています	聞こえのまとまり
時間的長さ	8拍	7拍　　6拍	

　　日本語はすべての拍がほぼ同じ（①　　　　　　　　）で発音される。したがって、「れんしゅうします」の拍数は、（②　　　　　　　　）である。学習者が「れんしゅします」と言ってしまった場合は（③　　　　　　　）なので、「拍の長さ」に問題が生じたということになる。

　　また、「すみません。長崎物産展はどこで開催していますか。」という問いかけに対して、「長崎物産展は8階で開催しています。」と応答する場合、（④　　　　　　）にプロミネンスを置くのが普通であるが、学習者は述語部分にプロミネンスを置くことも多いので、指導が必要である。

2. 次の日本人と学習者のやり取りの中で、下線部分の発音上の問題点として適当なものを ☐ から一つ選んでください。🔊23

句末・文末イントネーション	アクセントの下がり目	拍の長さ
プロミネンス	ポーズ	

（1）日本人：あしたの日曜日はどこに行きますか。
　　　学習者：わたしは忙しいですから、どこも行きません。

（2）日本人：あのう、ロバート先生はどこにいらっしゃいますか。
　　　学習者：ロバート先生は会議室です。

（3）日本人：ミラーさんっていい人ですね。
　　　学習者：そうです。頭がよくて親切です。

3. これから、教師が、学習者の発音上、問題がある箇所を言い直します。発音上の問題点として最も適当なものを、一つ選んでください。 🔊24

（1） 1 拍の長さとプロミネンス

    2 拍の長さとポーズの位置

    3 アクセントの下がり目

    4 特殊拍の種類と句末・文末のイントネーション

（2） 1 特殊拍の種類

    2 プロミネンス

    3 拍の長さとポーズの位置

    4 句末・文末のイントネーション

（3） 1 拍の長さとアクセントの下がり目

    2 拍の長さとポーズの位置

    3 句末・文末のイントネーションと特殊拍の種類

    4 句末・文末のイントネーションと拍の長さ

（4） 1 プロミネンスとポーズ

    2 アクセントの下がり目

    3 拍の長さとプロミネンス

    4 拍の長さとポーズの位置

（5） 1 句末・文末のイントネーションと拍の長さ

    2 句末・文末のイントネーションとプロミネンス

    3 アクセントの下がり目とプロミネンス

    4 アクセントの下がり目と拍の長さ

（6） 1 句末・文末のイントネーションと拍の長さ

    2 特殊拍の種類とプロミネンス

    3 拍の長さとプロミネンス

    4 拍の長さとアクセントの下がり目

1.

（1）時間的長さ　　（2）7拍　　（3）6拍　　（4）8階

2. 🔊23

（1）**拍の長さ**

5拍の「いそがしい」を、「いそがし」と4拍で発音したので、拍の長さに問題がある。

（2）**プロミネンス**

「どこに」と聞いているので、「会議室」を際立たせたいところだが、「ロバート先生」に
プロミネンスを置いてしまったので、プロミネンスに問題がある。

（3）**アクセントの下がり目**

「頭」のアクセントは「低高高」だが、「高低低」と発音してしまったので、アクセントの
下がり目に問題がある。

3. 🔊24

（1）**3　アクセントの下がり目**

「いばらきけん」のアクセントを「低高高高高低」、「かんとうちほう」のアクセントを「高
高低低低高低」、「はいり」のアクセントを「高低低」で発音したので、「アクセントの下
がり目」が正解である。

> 教師　　：何か質問がありますか。
> 学習者：はい、茨城県（低高高高高低）は関東地方（高高低低低高低）に入り（高低
> 　　　　低）ますか。
> 教師　　：はい、茨城県は関東地方に入りますか。

（2）**4　句末・文末のイントネーション**

質問に対して「みずのえ競技場に行きます↘。」と断定の下降イントネーションで答えるべ
きところを、質問の上昇イントネーションで答えてしまったので、「句末・文末のイントネー
ション」が正解である。

> 教師　　：あした、どこに行きますか。
> 学習者：みずのえ競技場に行きます↗。
> 教師　　：みずのえ競技場に行きます。

（3）1　拍の長さとアクセントの下がり目

「わたしは」の4拍を5拍にし、「わたしは」（低高高高）の3拍目と4拍目のアクセントは「高高」にするべきところ、「低低」で発音したので、「拍の長さとアクセントの下がり目」が正解である。

教師　：そのレストランで何を食べましたか。
学習者：<u>わたーし</u>は（低高高低低）タコライスを食べました。
教師　：わたしはタコライスを食べました。

（4）4　拍の長さとポーズの位置

「たんじょうび」の5拍を4拍で発音し、「いちがつ」と続けるべきところ、「いちが」でポーズを入れてしまったので、「拍の長さとポーズの位置」が正解である。

教師　：妹さんのお誕生日はいつですか。
学習者：妹の<u>たんじょび</u>は、<u>1</u>が ㋭ つ25日です。
教師　：妹の誕生日は、1月25日です。

（5）2　句末・文末のイントネーションとプロミネンス

「宿題は」「寮に」「帰って」「9時から」と句末ごとに上昇イントネーションで発音している。また、「いつ」と聞かれているので、「9時から」にプロミネンスを置くべきところ、「します」にプロミネンスを置いて発話したので、「句末・文末のイントネーションとプロミネンス」が正解である。

教師　：宿題は、いつしますか。
学習者：<u>宿題は↗、寮に↗帰って↗9時から↗</u>します（プロミネンス）。
教師　：宿題は、寮に帰って9時からします。

（6）3　拍の長さとプロミネンス

「図書館」の4拍を6拍で発音している。また、「どこの」と聞かれているので、「みどり町図書館」にプロミネンスを置くべきところ、「借りてきました」を際立たせてしまったので、「拍の長さとプロミネンス」が正解である。

教師　：これは、どこの図書館から借りてきたんですか。
学習者：みどり町<u>とうしょう</u>館から<u>借りてきました</u>（プロミネンス）。
教師　：みどり町図書館から借りてきました。

できたかな？

第4章

音素と音声記号

第4章では音の観点から最小の単位である音素と単音の違い、異音とは何か、国際音声記号などを学びます。第5章以降を理解する上での基礎となる知識ですから、しっかりと理解を深めましょう。

実力診断クイズ

本章を学ぶ前に、
以下の問題に挑戦してみて、
どのくらい解けるか探ってみましょう。
難しいと思われる問題は
この章で解決することを目指しましょう。

／6

次の質問に答えてください。

（1）言語の、語の意味の区別に関わる音の最小の単位を何と言うか。

    1　単音　　　2　音素

（2）ミニマル・ペアとなっているものはどちらか。

    1　たな：かな　　　2　こな：すな

（3）例えば、「花が」の「が」を口から出す音の [ga] で発音しても、鼻から出す音の [ŋa] で
　　発音しても日本語母語話者には助詞の「ガ」と聞こえて、意味の違いには関わらない。
　　このような [g] や [ŋ] を、音素 /g/ の何と言うか。

    1　単音　　　2　異音

（4）国際音声記号（＝ I.P.A）の表記が基づいているのはどちらか。

    1　サンスクリット語の文字　　　2　ローマ字

（5）日本語の子音 [s] は、例えば、仮名文字「す」の子音である。日本語の子音 [z] はどん
　　な仮名文字の子音か。

    1　「だ」　　2　「ざ」

（6）仮名の構成は、どちらか。

    1　日本語の仮名の音はすべて、子音と母音から構成される。

    2　日本語の仮名の音は母音のないものもある。

どうだったかなぁ？

解答と解説

（1）2　**音素**

　「単音」は、これ以上小さくすることができない音声学上の最小の単位。

（2）1　**たな：かな**

　/tana/：/kana/ ＝子音の /t/ と /k/ の1か所が異なるのでミニマル・ペア。

　/kona/：/suna/ は /k/ と /s/、/o/ と /u/ の2か所が異なるのでミニマル・ペアではない。

（3）2　**異音**

（4）2　**ローマ字**

（5）2　**「ざ」**

　「だ」の子音は [d] である。

（6）2

　撥音と促音には母音は含まれない。

1．単音と音素

　世界の様々な言語音を表記するために**国際音声記号**というものがあります。例えば、日本語の「棚」と「仮名」という2語の発音を国際音声記号で表現すると [tana] と [kana] になります。

　[tana] と [kana] をさらに整理しながら観察すると、[t] [a] [n] [k] という音があることがわかります。これらを**単音**と言います。単音は、これ以上小さくすることができない音声学上の最小の単位で、[　] で示します。

　さらに [tana] と [kana] を比べてみると、[t] と [k] がことばの意味を区別しています。「ことばの意味を区別する最小の単位」という観点で、これらの単音は**音素**という機能を果たすことになります。音素を表すときには、2本のスラッシュ/　/ で囲って、/t/ /k/ のように表記します。

　「棚」と「仮名」のように、一つの音素が異なる2語のペアを**ミニマル・ペア**と言います。以下に例を挙げてみます。アクセントにも注意して声に出して読んでください。

棚（たな）/tana/：仮名（かな）/kana/	朝（あさ）/asa/：海士（あま）/ama/
天気（てんき）/teNki/：電気（でんき）/deNki/	菓子（かし）/kasi/：火事（かじ）/kazi/

　声に出して比べてみると、ミニマル・ペアにおけるアクセントも同形だということにも気付きやすくなります。

　ミニマル・ペアの組み合わせを発音の指導に用いて「発音の違い」を認識させる方法を**ミニマル・ペア練習（ミニマル・ペア・プラクティス）**と呼びます。

　なお、国際音声記号は、ローマ字と似ていますが、役割が異なります。例えば、「よわい」を国際音声記号で表すと [joɰai] です。「おや？　[j] なの？　[y] ではないの？」と思う人がいますか。「よ」の子音を国際音声記号では [j] で表します。日本語には [y] で表される音はないのです。国際音声記号についてはのちにくわしく紹介します（p.60 参照）が、言語音を表記する場合、本書では、この国際音声記号を用います。

1．次の文の（　）に入れるのに適当なほうを選んでください。

　　各言語における語の意味の区別に関わる最小の単位を（a 単音　　b 音素）と言い、国際音声記号では、/j/ /o/ /w/ /a/ /i/ /k/ などと表記する。

2．次の表内のことばのミニマル・ペアになる語を下の □ から選んでください。

（1）	けんこう（健康）	
（2）	うみ（海）	
（3）	かく（書く）	
（4）	よみます（読みます）	
（5）	だいがく（大学）	
（6）	かたい（固い）	
（7）	びん（瓶）	
（8）	のうりょく（能力）	
（9）	かんばん（看板）	
（10）	パン	

1　はん（班）	2　ばん（晩）	3　かだい（課題）
4　げんこう（現行）	5　さく（割く）	6　よびます（呼びます）
7　おじいさん	8　いみ（意味）	9　たいがく（退学）
10　げんごう（元号）	11　ピン	12　ちょうりょく（聴力）
13　かんぱん（甲板）	14　きて（来て）	

【解答と解説】

1．b 音素

2．※ミニマル・ペアであるから、異なっている部分は1か所。異なる音素記号を下線で示した。
　　ペア同士のことばのアクセントも同じだということを確認すること。
　　（1）4　/keNkoR/：/geNkoR/　（2）8　/umi/：/imi/　（3）5　/kaku/：/saku/
　　（4）6　/jomimasu/：/jobimasu/　（5）9　/daigaku/：/taigaku/
　　（6）3　/katai/：/kadai/　（7）11　/biN/：/piN/　（8）12　/noRrjoku/：/tjoRrjoku/
　　（9）13　/kaNbaN/：/kaNpaN/　（10）1　/paN/：/haN/

2．自由異音と条件異音

　「あさ（朝）」/asa/ と「あま（海士）」/ama/ のことばの意味を区別するのは、音素の /s/ と /m/ です。しかし、[asa]と発音しても [aθa] と発音しても、どちらも「朝」という意味だと理解できます。[s]は舌先と上の歯茎に隙間を作る音で、日本語で一般的に発音される音です。対して、[θ]は舌先を上の歯に接触させる音で、日本語の一般的な音ではありません。ところが、どちらも日本語では「サ」ととらえられ、意味の区別に影響しません。

　「サ」の子音部分の /s/ を発音するときに実際に発音される [s] や [θ] のような単音を**異音**と言います。実際に発音される音は、人によって多少の違いが出ることもあります。

　実際に発音される音を、ある人が [asa] で、別の人が [aθa] と発音したとしても、聞いている人が「朝」をイメージして、ことばの意味に違いが発生しない [s] と [θ] のような関係の異音を**自由異音**と言います。

　一方、英語の "sick"[sík]（＝病気の）の語頭の子音は [s] で発音され、"thick"[θík]（＝厚い）の語頭の子音は [θ] で発音されます。これは意味の区別に関わりますから、自由異音ではありません。自由異音は各言語で異なります。

　日本語の五十音のサ行は、サ、ス、セ、ソを [sa] [sɯ] [se] [so]、シを [ɕi] と発音します。サ行における [s] と [ɕ] は、母音 [a] [ɯ] [e] [o]（ア、ウ、エ、オ）の前という条件（環境）では子音は [s]、母音 [i]（イ）の前という条件（環境）では子音は必ず [ɕ] になるという異音の関係です。このような関係の異音を**条件異音**と言います。

　[s] と [ɕ] が補い合ってサ行を作り上げているように見えます。このことを、**相補分布**をなしているとか、**相補的分布**と言います。

相補的分布の例：サ行（サ、シ、ス、セ、ソ）

	[a]	[i]	[ɯ]	[e]	[o]
[s]	○		○	○	○
[ɕ]		○			

　したがって、サ行の「サ、シ、ス、セ、ソ」の一般的な日本語母語話者の発音を、発音記号で表記すると [sa ɕi sɯ se so] となります。発音記号に関する詳しいことはこののち順を追って説明します。

ワーク ✏️

1. 次の文の（　）に入れるのに適当なほうを選んでください。

　自由異音は、世界中の言語において（① a 同じである　　b 異なる）。

　例えば日本語で「ライトを明るくして」と言うときに、「ライト」を [raito] と発音しても、[laito] と発音しても、日本語の文脈では、意味は変わらない。けれども、英語では "right" [ráɪt] における /r/ と、"light" [láɪt] における /l/ は（② a 自由異音　　b 条件異音）ではないので、意味の区別に関わる機能がある。

2. 次の文の（　）に入れるのに適当なことばを下の□から選んでください。

自由	条件	相補分布	相関分布

　日本語のハ行を考えてみると、唇で発音する「フ」の子音 [ɸ] は、母音 [ɯ]（ウ）の前という条件下に現れ、「ヒ」の子音 [ç] は母音 [i]（イ）の前という条件下に現れ、「ハ、ヘ、ホ」の子音 [h] は、それぞれ母音 [a]（ア）、[e]（エ）、[o]（オ）の前という条件下に現れる。それらが入れ替わることはないので、子音 [ɸ] [ç] [h] を音素 /h/ の（①　　　　　　）異音と言う。これらの（　①　）異音は（②　　　　　　　　）をなしている。

【解答】
1. ① b 異なる　② a 自由異音
2. ① 条件　② 相補分布

第4章

2. 自由異音と条件異音

3. 日本語に関する国際音声記号

　国際音声学会（International Phonetic Association）が作成している「**国際音声記号**（**国際音声字母**／International Phonetic Alphabet／**I.P.A**）」を具体的に見てみましょう。

　ローマ字を基本にしているのですが、発音する場所（**調音点**）や発音する方法（**調音法**）などによって「n」（ナ、ヌ、ネ、ノの子音）→「ɲ」（「ニ」の子音）のようにローマ字の字形を変形して表記します。

　母音は、**ダニエル・ジョーンズ**（D. Jones, 1881-1967, イギリス）の**基本母音図**に基づきます。母音図は第5章で示します。

　国際音声記号における子音は、子音の単音を有声音・無声音の区別（**声帯振動の有無**）、調音点、調音法などが一目でわかるように配置して示し、表しにくい音に関しては補助記号などを用いて表記できる仕組みになっています。本書では2020年に改定されたものに基づきます。（p.173 参照）

　以下に I.P.A に基づいた日本語の子音の発音記号を示します。グレーの枠は、日本語にはありませんが、日本語学習者が日本語を話す際に誤って使いがちな子音ですから参考にしてください。

①日本語の子音

		両唇音	唇歯音	歯音	歯茎音	歯茎硬口蓋音	硬口蓋音	軟口蓋音	両唇・軟口蓋音	口蓋垂音	声門音
鼻音	有声音	m	ɱ		n	ɲ		ŋ		N	
破裂音	無声音	p			t			k			ʔ
	有声音	b			d			g			
摩擦音	無声音	ɸ	f	θ	s	ɕ	ç				h
	有声音	β	v	ð	z	ʑ		ɣ			ɦ
破擦音	無声音				ts	tɕ					
	有声音				ʣ	ʥ					
弾き音	有声音				ɾ						
側面接近音	有声音				l						
ふるえ音	有声音				r						
接近音	有声音						j	ɥ	w		

※歯茎硬口蓋音の表内の ɕ、ʑ、tɕ、ʥ の表記は、従来 ʃ、ʒ、tʃ、ʤ という表記を使っていたが、最近は ɕ、ʑ、tɕ、ʥ を用いることが多くなった。

縦の列はどのような方法で発音するかを示す「調音法」と、声帯振動の有無を示す「有声音」「無声音」で分けられています。横の列は、発声器官のどこで発音するのかを示す「調音点」で分けられています。これらについては5章で詳しく学んでいきます。

②日本語教育でよく使う補助記号

無声化	。	硬口蓋化	j	中舌寄り	‥	鼻音化	~	有気音 (帯気音とも。中国語など)	h

③日本語教育でよく使う超分節要素

長音 [ː]

ワーク ✐

---

1. 次の文の（ ）に入れるのに適当なほうを選んでください。

（1）言語音を発音する場所を（① a 調音法　 b 調音点）、発音する方法を（② a 調音法　b 調音点）と言う。

（2）いかなる言語音でも表記できるように国際音声学会が作成した記号を（a 国際音声記号　b 音声記号）と言い、その略号を I.P.A と言う。

2. p.60の「日本語の子音」の表の中から、次の発音記号を探して書いてください。

（1）無声軟口蓋破裂音　＿＿＿＿＿　　（2）有声歯茎破裂音　＿＿＿＿＿

（3）（有声）硬口蓋接近音　＿＿＿＿＿　（4）無声両唇摩擦音　＿＿＿＿＿

（5）（有声）歯茎弾き音　＿＿＿＿＿　（6）（有声）軟口蓋鼻音　＿＿＿＿＿

【解答と解説】

1. （1）① b 調音点　② a 調音法　　（2）a 国際音声記号

2. ※それぞれの発音の詳しい内容は次章から学ぶため、このワークは「できなくてもよい」。「探す」というワークに徹すること。

　（1）k　　（2）d　　（3）j　　（4）ɸ　　（5）ɾ　　（6）ŋ

4．五十音図の音素記号と発音記号

「五十音図」の**音素記号**（上段）と**発音記号**（下段）を次に示しますから、参考にしてください。

清音	濁音	拗音の清音	拗音の濁音
あ い う え お /a i u e o/ [a i ɯ e o]			
か き く け こ /ka ki ku ke ko/ [ka kʲi kɯ ke ko]	が ぎ ぐ げ ご /ga gi gu ge go/ **口音** [ga gʲi gɯ ge go] **鼻音** [ŋa ŋʲi ŋɯ ŋe ŋo]	きゃ きゅ きょ /kja kju kjo/ [kʲa kʲɯ kʲo]	ぎゃ ぎゅ ぎょ /gja gju gjo/ **口音** [gʲa gʲɯ gʲo] **鼻音** [ŋʲa ŋʲɯ ŋʲo]
さ し す せ そ /sa si su se so/ [sa ɕi sɯ se so]	ざ じ ず ぜ ぞ /za zi zu ze zo/ **語中・語尾** [za ʑi zɯ ze zo] **語頭・撥音の後ろ** [dza dʑi dzɯ dze dzo]	しゃ しゅ しょ /sja sju sjo/ [ɕa ɕɯ ɕo]	じゃ じゅ じょ /zja zju zjo/ **語中・語尾** [ʑa ʑɯ ʑo] **語頭・撥音の後ろ** [dʑa dʑɯ dʑo]
た ち つ て と /ta ti tu te to/ [ta tɕi tsɯ te to]	だ　　　 で ど /da　　　 de do/ [da　　　 de do] 「ぢ、づ」の発音はザ行と同じ	ちゃ ちゅ ちょ /tja tju tjo/ [tɕa tɕɯ tɕo]	ダ行の拗音の濁音の発音はザ行と同じ
な に ぬ ね の /na ni nu ne no/ [na ɲi nɯ ne no]		にゃ にゅ にょ /nja nju njo/ [ɲa ɲɯ ɲo]	
は ひ ふ へ ほ /ha hi hu he ho/ [ha çi ɸɯ he ho]	ば び ぶ べ ぼ /ba bi bu be bo/ [ba bʲi bɯ be bo]	ひゃ ひゅ ひょ /hja hju hjo/ [ça çɯ ço]	びゃ びゅ びょ /bja bju bjo/ [bʲa bʲɯ bʲo]
	ぱ ぴ ぷ ぺ ぽ /pa pi pu pe po/ [pa pʲi pɯ pe po]		ぴゃ ぴゅ ぴょ /pja pju pjo/ [pʲa pʲɯ pʲo]
ま み む め も /ma mi mu me mo/ [ma mʲi mɯ me mo]		みゃ みゅ みょ /mja mju mjo/ [mʲa mʲɯ mʲo]	
や　 ゆ　 よ /ja　 ju　 jo/ [ja　 jɯ　 jo]			
ら り る れ ろ /ra ri ru re ro/ [ɾa ɾʲi ɾɯ ɾe ɾo]		りゃ りゅ りょ /rja rju rjo/ [ɾʲa ɾʲɯ ɾʲo]	

わ /wa [ɰa(wa)	を wo/ ɰo(wo)]			
撥音　ん /N/ 後続の子音によって [m n ɲ ŋ ɴ Ṽ] が出現する				
促音　っ /Q/ 摩擦音の促音と無音の促音が後続の子音によって出現する				

ワーク ✎

1. 次の発音記号で記したことばを仮名で書いてください。

（1）[ao]　　　　（2）[eigo]　　　　（3）[kamera]

（4）[kɯtsɯ]　　（5）[dʑimɯço]　　（6）[sɯzɯ]

2. 次のことばの発音記号を書いてください。

（1）うえ（上）　　　（2）かさ（傘）　　　（3）きょか（許可）

（4）いしゃ（医者）　　（5）おなまえ（お名前）　　（6）きもち（気持ち）

（7）やま（山）　　　（8）じしょ（辞書）　　　（9）わたし

【解答と解説】

※ここでは、発音記号に慣れることを目的としている。ローマ字と発音記号の違いに注目すること。

1.（1）あお　　（2）えいご　　（3）カメラ　　（4）くつ　　（5）じむしょ　　（6）すず

2.（1）[ɰe]　　（2）[kasa]　　（3）[kʲoka]　　（4）[iça]　　（5）[onamae]　　（6）[kʲimotɕi]
　　（7）[jama]　　（8）[dʑiço]　　（9）[ɰataɕi]

実力診断テスト

1. 次の記述の中で不適当なものを一つ選んでください。

1 「そちら」と「こちら」の意味の違いを引き起こしているのは、「そ」と「こ」の語頭の子音である単音の [s] と [k] である。ことばの意味の区別に関わるこれらの最小単位を音素と言い、／／で囲って表記する。例えば、「音素 s」は /s/、「音素 k」は /k/ と表記する。

2 例えば「会議」の「ギ」の子音を、鼻濁音の [ŋʲ] で発音しても、口音の [gʲ] で発音しても、聞き手は「会議」のことであると認識する。このような音素 /g/ の二つの異音を「自由異音」と言う。自由異音の関係は各言語によって異なる。

3 五十音図のサ行は、[a] [ɯ] [e] [o] の前という環境では [s] が、[i] の前では [ɕ] が登場して「サ、シ、ス、セ、ソ」[sa ɕi sɯ se so] という行を構成する。このように、決まった条件で現れる [s] [ɕ] のような関係の異音を条件異音と言い、相補的分布をなしていると言う。

4 世界に 7,000 以上存在するという言語音を表記するために「国際音声記号（I.P.A）」が使われている。この「国際音声記号（I.P.A）」は国際音声学会が作成したものである。

5 「国際音声記号（I.P.A）」の音声記号は、「声帯振動の有無・調音点・調音者」によって一覧表の中に収められていて、世界の言語のおおむねを表記できる。なお、子音の一覧表に収まらないそれぞれの言語の特殊な音は補助記号などを用いて表記する。

2. 次の中でミニマル・ペアにならないものを一つ選びなさい。

1 朝（あさ）：粟（あわ）

2 酒（さけ）：竹（たけ）

3 天気（てんき）：伝記（でんき）

4 樫（かし）：火事（かじ）

5 野菜（やさい）：火災（かさい）

3.【 】内に示した観点から見て、他と性質の異なるものを一つ選んでください。

【日本語の子音にあるもの】

1 [m]

2 [p]

3 [θ]

4 [j]

5 [b]

実力診断テスト　解答と解説

- -

1. 5

I.P.A の音声記号は、「声帯振動の有無・調音点・<u>調音法</u>」で音が分類されている。三つの要素の組み合わせで、子音が表される。1、2、3、4の内容は第4章のポイントなのでしっかり覚える。

2. 3

天気（/teNki/）と伝記（/deNki/）は、/t/ と /d/ の違いだけではなく、アクセントも異なる。アクセントは「て＼んき」、「でんき￣」である。

1　/asa/：/awa/　　　　2　/sake/：/take/　　　4　/kasi/：/kazi/

5　/jasai/：/kasai/

3. 3

3の [θ] は、日本語にはないが、日本語学習者が日本語を話す際に誤って使いがちな子音。

できたかな？

第**5**章

音声器官と母音

第5章では、音声がどのように発せられるかという点について学びます。実際に声に出して発音してみて、発音の仕組みを理解しましょう。

後半では、母音についても学習します。日本語（共通語）の母音にはどのような特徴があるか、見てみましょう。

1. 音声器官と調音者

2. 調音点

3. 調音法

4. 母音と基本母音図

5. 日本語の母音

6. 母音の無声化

実力診断クイズ

皆さんは、日本語をどのように発音しているか
意識したことがありますか。
本章を学ぶ前に、以下の質問に答えてみてください。
自分はどのように発音しているかを観察しておくと
本章が身近なものになります。

/9

自分の発音を観察して、「こちらが自分の発音である」というほうを一つ選んでください。

（1）「シ」と発音するときの子音 [ɕ]

　　1　「サ」と発音するときと同じ場所で発音している。

　　2　「サ」と発音するときとは舌の形も場所も違う。

（2）「タ」と発音するときの子音 [t]

　　1　「サ」と発音するときと同じ場所だが、舌先が歯茎を閉鎖する。

　　2　「チ」と発音するときと全く同じ場所で発音する。

（3）「フ」と発音するときの子音 [ɸ]

　　1　上と下の唇が近づいて向かい合わせになるが、閉じることはない。

　　2　上の歯と下唇で摩擦を起こす。

（4）「サ」と発音するときの子音 [s]

　　1　舌先が歯茎に接触する。

　　2　舌先が歯茎との間に隙間を作っている。

（5）「すず」の「ズ」と発音するときの子音 [z]

　　1　喉仏に指先を当てると振動が伝わってくる。

　　2　喉仏に指先を当てると振動が伝わってこない。

（6）「ヌ」と発音するときの子音 [n]

　　1　喉仏に指先を当てると振動が伝わってこない。

　　2　喉仏に指先を当てると振動が伝わってくる。

（7）「オ」と「ウ」の唇の形

　　1　「オ」は唇にまるめがあり、「ウ」は唇にまるめがない。

　　2　「オ」は唇にまるめがなく、「ウ」は唇にまるめがある。

（8）「イ」と発音するときの口の形

　　1　「イ」は唇をまるめて発音する。

　　2　「イ」は、口角を横に引いて発音する。

（9）「きく」の「キ」と「きみ」の「キ」の音の違い

　　1　「きく」の「キ」と「きみ」の「キ」の音は全く同じである。

　　2　「きく」の「キ」の母音は声帯振動を失うが、「きみ」の「キ」は声帯振動がある。

どうだったかなぁ？

解答

日本語（共通語）の母語話者の発音は以下のようになることが多いので、確認すること。

（1）**2**　　（2）**1**　　（3）**1**　　（4）**2**　　（5）**1**　　（6）**2**　　（7）**1**

（8）**2**　　（9）**2**

1. 音声器官と調音者

（1）音声器官

　日本語は、肺から息を送り出しながら発話をする言語です。

　肺から送り出される息を**呼気**と言います。まず、呼気が、呼気の通り道である気管を通って**喉頭**に至ります。喉頭とは、いわゆる喉仏のあたりですが、このあたりの気管に一対の**声帯**があります。呼気は声帯を通り、さらに**咽頭**へと進みます。

　軟口蓋の口蓋垂寄りの部分とその裏面を含む部分に**口蓋帆**があり、呼気を**鼻腔**と**口腔**へ振り分けます。口蓋帆が口への通路を閉鎖すると呼気は鼻腔へと導かれて**鼻音**となり、口蓋帆が鼻への通路を閉鎖して口腔へと導けば**口音**となるという仕組みです。

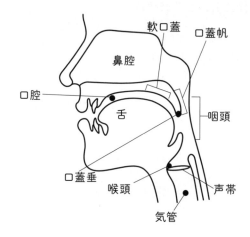

　以上を図示してみると、**音声器官**（**調音器官、発音器官**とも）と呼気の流れは、次の枠内のようになります。

肺➡気管➡喉頭（声帯のあたり）➡咽頭	➡鼻腔
	➡口腔

（2）調音者

　音声器官が言語音を作る（＝発する）ことを**調音**と言います。発音をするときに上あごと下あごを観察してください。下あごはよく動きますが、上あごはあまり動きません。よく動く部分を**調音者**と言います。

　日本語の発音に必要な調音者は次の部分です。（日本語の発音に下の歯は関与しませんが、学習者の中には下の歯を使って問題のある発音を引き起こすことがあるかもしれません。）

下唇	（下の歯）	舌先	前舌	中舌	奥舌

次の仮名を発音するとき、どこが調音者として動きますか。発音してみましょう。

（1）「タ」
    1　下唇　　　2　舌先　　　3　前舌　　　4　中舌　　　5　奥舌

（2）「サ」
    1　下唇　　　2　舌先　　　3　前舌　　　4　中舌　　　5　奥舌

（3）「ヒ」
    1　下唇　　　2　舌先　　　3　前舌　　　4　中舌　　　5　奥舌

（4）「ヤ」
    1　下唇　　　2　舌先　　　3　前舌　　　4　中舌　　　5　奥舌

（5）「コ」
    1　下唇　　　2　舌先　　　3　前舌　　　4　中舌　　　5　奥舌

（6）「マ」
    1　下唇　　　2　舌先　　　3　前舌　　　4　中舌　　　5　奥舌

（7）「シ」
    1　下唇　　　2　舌先　　　3　前舌　　　4　中舌　　　5　奥舌

【解答】

（1）2　舌先　　（2）2　舌先　　（3）4　中舌　　（4）4　中舌　　（5）5　奥舌

（6）1　下唇　　（7）3　前舌

第5章

1. 音声器官と調音者

2．調音点

上唇から主として上あごと声門までの発音する場所を**調音点**と言います。

母音は何にも邪魔されずに音声器官を通り抜けますが、子音は調音点で狭めを作ったり閉鎖を起こしたりして出す音です。

通常、日本語の子音の調音点とされているものは**上唇**（うわくちびる）、**歯茎**（しけい）、**歯茎硬口蓋**（しけいこうこうがい）、**硬口蓋**（こうこうがい）、**軟口蓋**（こうがい）、**口蓋垂**（こうがいすい）、**声門**（せいもん）の七つです。前述の調音者との関係にも注意して、次の表内の具体例の欄の音を出して位置を確認してください。

調音点	調音者	具 体 例	音の名称
上唇	下唇	マ、ム、メ、モの子音 [m] パ、プ、ペ、ポの子音 [p] バ、ブ、ベ、ボの子音 [b] フの子音 [ɸ]	両唇音（りょうしんおん）※1
歯茎	舌先	サ、ス、セ、ソの子音 [s] ザ、ズ、ゼ、ゾの子音 [z] [ʣ] タ、テ、トの子音 [t]、ツの子音 [ts] ダ、デ、ドの子音 [d] ナ、ヌ、ネ、ノの子音 [n] ラ、ル、レ、ロの子音 [ɾ]	歯茎音
歯茎硬口蓋	前舌	シの子音 [ɕ] ジの子音 [ʑ] [ʥ] チの子音 [tɕ] ニの子音 [ɲ]	歯茎硬口蓋音
硬口蓋	中舌	ヒの子音 [ç] ヤ、ユ、ヨの子音 [j]	硬口蓋音
軟口蓋	奥舌	カ、ク、ケ、コの子音 [k] ガ、グ、ゲ、ゴの子音 [g] ガ゚、グ゚、ゲ゚、コ゚の子音※2 [ŋ] ワ、ヲの子音 [ɯ]	軟口蓋音
口蓋垂	奥舌	語末・文末などの撥音 [ɴ]	口蓋垂音
声門	―	ハ、ヘ、ホの子音 [h] 声門閉鎖音 [ʔ]	声門音

※1　調音点としての上唇と調音者としての下唇が同時に合わさって発音される場合、調音点の名称は一般に「両唇」とか「両唇音」と表現されます。

※2　「゚」は鼻音であることを示します。（p.93 参照）

　学習者が発音する際の問題点になりやすいのが、これらの調音点です。学習者の調音点の間違いや勘違いに素早く気付くことが教師の役目です。調音点の名称と場所をここで記憶してしまいましょう。

ワーク ✏

次の声道断面図から両唇、歯茎、歯茎硬口蓋、硬口蓋、軟口蓋、口蓋垂、声門を探してください。

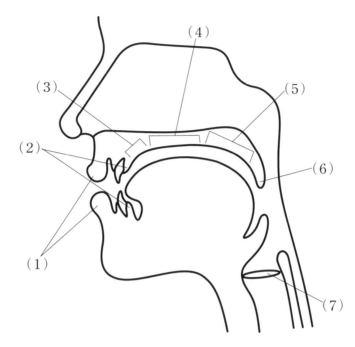

【解答】
（1）両唇　　（2）歯茎　　（3）歯茎硬口蓋　　（4）硬口蓋　　（5）軟口蓋
（6）口蓋垂　　（7）声門

第5章

2. 調音点

73

3．調音法

　日本語の子音は、調音者と調音点によって狭めや閉鎖などを起こして作ります。狭める、閉鎖する、弾くなどの方法で音を作ります。これらを調音法と言います。

　まず、日本語の調音法は大きく**鼻音**と**口音**に分かれます。鼻音は、口蓋帆が呼気の口腔への通路を閉ざして鼻腔から出す音です。口音は、口蓋帆が呼気の鼻腔への通路を閉ざして口腔から出す音です。日本語の口音には、**破裂音（閉鎖音）**、**摩擦音**、**破擦音**、**弾き音**、**接近音（半母音）**の5種類があります。鼻音と合わせて6種類です。

音の名称		具体例
鼻音		鼻腔から出る音	カ゚、キ゚、ク゚、ケ゚、コ゚の子音 [ŋ] ナ、ヌ、ネ、ノの子音 [n] ニの子音 [ɲ] マ、ミ、ム、メ、モの子音 [m] 各種の撥音 [m] [n] [ɲ] [ŋ] [N] [Ṽ]
口音	**破裂音 （閉鎖音 とも）**	閉鎖を作って破裂する音	カ、キ、ク、ケ、コの子音 [k] ガ、ギ、グ、ゲ、ゴの子音 [g] タ、テ、トの子音 [t] ダ、デ、ドの子音 [d] バ、ビ、ブ、ベ、ボの子音 [b] パ、ピ、プ、ペ、ポの子音 [p] 声門閉鎖音 [ʔ]
	摩擦音	狭めを作って摩擦させる音	サ、ス、セ、ソの子音 [s] シの子音 [ɕ] 語中・語尾のザ、ズ、ゼ、ゾの子音 [z] 語中・語尾のジの子音 [ʑ] ハ、ヘ、ホの子音 [h] ヒの子音 [ç] フの子音 [ɸ]
	破擦音	破裂が起きて間髪を入れず摩擦に移る音。破裂と摩擦が同時に起きると言われることもある。	語頭・撥音の後ろのザ、ズ、ゼ、ゾの子音 [dz] 語頭・撥音の後ろのジの子音 [dʑ] チの子音 [tɕ] ツの子音 [ts]
	弾き音	舌先が歯茎を弾いて素早く降りる間に発する音	ラ、リ、ル、レ、ロの子音 [ɾ]
	接近音 （半母音 とも）	摩擦を起こさない程度に軽く狭めを作って出す音	ヤ、ユ、ヨの子音 [j] ワ、ヲの子音 [ɰ(w)] ※

※接近音ワ、ヲの子音の表記は、従来（　）内の w の表記を使っていたが、最近は ɰ を用いるようになった。

ワーク 🖎

次の仮名の子音を発音するときの口の様子を観察してください。その次に、その音の種類を考えてください。

（1）舌を歯茎に付けて「ン～～～」と言ってみる。鼻から音が出ているか。

（2）舌先を歯茎に付けて「タ」と言ってみる。口から勢いよく呼気が流れ出るか。

（3）舌先を歯茎に近づけて「ス～～～」と言ってみる。歯茎と舌先の間を呼気が流れるか。

（4）舌先を歯茎に付けて「ツ」と言ってみる。舌先が素早く歯茎から離れて隙間を作っているか。

（5）舌先を歯茎に付けて「ル」と言ってみる。舌先がストンと歯茎を弾くか。

（6）「ヤ～～～」と言ってみる。中舌が硬口蓋（上あごの真ん中あたり）に向かうか。

【解答】

（1）鼻音　　　（2）破裂音（閉鎖音）　　　（3）摩擦音　　　（4）破擦音

（5）弾き音　　（6）接近音（半母音）

4．母音と基本母音図

　母音の音の特徴を観察してみましょう。

　口を開けて「イ～～～」と発音し続けると息の続く限り続きます。つまり呼気が何にも邪魔されずに音声器官を通り抜けます。「イ」に続けて「エ～～～」と言ってみると、唇の形が変わり、舌の位置も変わります。「ア～～～」の音ではさらに唇の形も舌の位置も移動します。母音を決定するには、唇の形と舌の位置が重要な役割を果たします。

　「ア～～～オ～～～ウ～～～」などと言いながら喉仏のあたりに指先を当ててみると振動が伝わってきます。このあたりにある声帯を振動させて調音します。声帯を振動させる音を**有声音**と言います。母音はすべて有声音です。また、声帯を振動させない音を**無声音**と言います。

　ところで、イギリスの**ダニエル・ジョーンズ**が作った**基本母音図**が、母音の基準としてよく知られています。**第一次基本母音図**と第二次基本母音図があります。次の図は、第一次基本母音図です。第一次基本母音図の中には日本語の共通語の5母音 [i]（イ）、[e]（エ）、[a]（ア）、[o]（オ）、[ɯ]（ウ）はすっぽり入りますから、ここで確認してみましょう。第二次基本母音図は日本語の母音との関係が希薄なのでここでは省略します。

　なお、基本母音図が示した母音 [ɛ]、[ɑ]、[ɔ] などは、日本語にはない母音です。おおよそですが、[ɛ] は [e] の口の形で [a] と言ってみてください。[ɑ] は [a] と言ったその口を縦に大きく開けて発音してみると、近い発音になるでしょう。[ɑ] と言った口の形で [o] と言ってみると [ɔ] に近い音が得られます。学習者の母語は、日本語の母音とは異なる母音の体系を持っていますから、この基本母音図を知っておくと便利です。

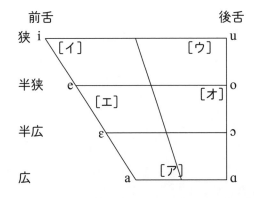

　このダニエル・ジョーンズの基本母音図は舌の形を図形にしたものです。

　以下で第一次基本母音図の母音とその呼称を見ておきます。基本母音図を見ながら、①舌の前後位置、②口の開き、③唇のまるめの3点を確認してください。

①舌の前後位置

前舌母音 [i] [e] [ɛ] [a]　　　**後舌母音** [ɑ] [ɔ] [o] [u]

[i] [e] [ɛ] [a] の4母音は前舌が関わって発音します。

[ɑ] [ɔ] [o] [u] の4母音は後舌が関わって発音します。

②口の開き

狭母音 [i] [u]　　　**半狭母音** [e] [o]

半広母音 [ɛ] [ɔ]　　　**広母音** [a] [ɑ]

[i] [u] を狭母音と言います。舌の位置が高いと口の中は狭くなります。

[a] [ɑ] を広母音と言います。舌の位置が低いので、口の中が広くなります。

③唇のまるめ

円唇母音 [ɔ] [o] [u]　　　**非円唇母音** [i] [e] [ɛ] [a] [ɑ]

母音の発音には唇の形も関わりますから、唇にまるめがあるかないかは大きな問題です。
基本母音図の中の [ɔ] [o] [u] の3母音は唇にまるめを伴いますが、[i] [e] [ɛ] [a] [ɑ] の5母音はまるめがありません。

ワーク 🖎

【　】内に示した観点から見て、他と性質の異なるものを一つ選んでください。

（1）【舌の前後の位置】

　　1　[i]　　　2　[e]　　　3　[ɛ]　　　4　[o]

（2）【唇のまるめ】

　　1　[u]　　　2　[e]　　　3　[ɔ]　　　4　[o]

（3）【口の開き】

　　1　[i]　　　2　[u]　　　3　[ɑ]

【解答と解説】

（1）4　[o]

　　[o] は後舌母音、1[i]、2[e]、3[ɛ] は前舌母音。

（2）2　[e]

　　[e] はまるめを伴わない非円唇母音、1[u]、3[ɔ]、4[o] はまるめのある円唇母音。

（3）3　[ɑ]

　　[ɑ] は口の中が広くなる広母音、1[i]、2[u] は舌の位置が高く口の中が狭くなる狭母音。

5．日本語の母音

日本語の共通語の母音は五つです。

	ア	イ	ウ	エ	オ
音素	/a/	/i/	/u/	/e/	/o/
発音	[a]	[i]	[ɯ]	[e]	[o]

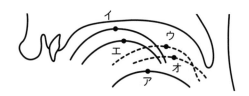

日本語の母音を整理してみましょう。/ / は音素を、[ ] は実際の発音を表します。

ア　/a/　[a] ：日本語の5母音の中では口の開きが最も大きい母音です。
　　　　　　　　舌は盛り上がらないで下のほうの位置を保っています。

イ　/i/　[i] ：口はあまり開けません。口角を少し横に引きます。前舌が盛り上がります。

ウ　/u/　[ɯ]：「ウ」の音素は /u/ ですが、日本語の実際の発音は [ɯ] です。[u] は唇にま
　　　　　　　　るめがありますが、日本語の「ウ」は、唇にまるめのない「ウ」です。「まる
　　　　　　　　めのないウ」を [ɯ] と表記します。奥舌が盛り上がる奥舌母音です。

エ　/e/　[e] ：「イ」と同じ前舌母音です。「イ」より口を少し大きく開いて「エ」を発音します。

オ　/o/　[o] ：[ɯ] より少し低い位置で、奥舌で発音します。日本語の中では、唯一の円唇
　　　　　　　　母音です。

　以下のような観点でも整理してみましょう。

①舌の前後位置

前舌母音 [i] [e]　　　　**奥舌母音** [ɯ] [o]

[i]、[e] の2母音は前舌が関わって発音します。

[ɯ]、[o] の2母音は奥舌が関わって発音します。以前は奥舌母音と呼んでいた [ɯ] と [o] を、近年はダニエル・ジョーンズの第一次基本母音図に合わせて後舌母音とも言うようになってきました。奥舌母音と後舌母音は同じ場所で発音されています。

　舌の前後位置に日本語の母音の [a] は関わりません。

②舌の高さ

高母音（狭母音）　　　[i] [ɯ]
中母音（半狭母音）　　[e] [o]
低母音（広母音）　　　[a]

　日本語の [i] [ɯ] は、舌の位置が高いので高母音と呼びます。ダニエル・ジョーンズの第一次基本母音図の口の開きが狭い狭母音に当たります。

　[e] [o] の2母音を中母音と呼びます。ダニエル・ジョーンズの第一次基本母音図の半狭母音に当たります。

[a] は舌の位置が低い低母音です。ダニエル・ジョーンズの第一次基本母音図の口の開きの広い広母音に当たります。

　以前は「高母音」「中母音」「低母音」という呼称がよく使われていましたが、最近は「狭母音」「半狭母音」「半広母音」「広母音」という呼称の使用も増えてきました。

③唇のまるめ

円唇母音　　[o]

非円唇母音　[i] [e] [a] [ɯ]

日本語の5母音の中で、唇にまるめを伴う母音は [o] のみです。

残りの [i] [e] [a] [ɯ] は、まるめのない非円唇母音です。

ワーク

次の表の（　）に適当なことばを入れてください。

音素記号	発音記号	舌の前後位置	舌の高さ（口の開き）	唇のまるめ
/a/	[a]	―	低母音（広母音）	非円唇
/i/	[i]	（③　　　）	高母音（狭母音）	非円唇
/u/	[（②　　）]	奥舌	（④　　　）（狭母音）	非円唇
/e/	[e]	前舌	中母音（（⑤　　　））	非円唇
/（①　　）/	[o]	奥舌	中母音（半狭母音）	（⑥　　　）

【解答】
①o　②ɯ　③前舌　④高母音　⑤半狭母音　⑥円唇

6．母音の無声化

　声帯振動をするはずの母音が声帯振動を失うことがあります。地域によっても異なり、一般的に関東地方の発話者の中に見られる現象で、**母音の無声化**と呼ばれます。規則的に起こりますから見ておきましょう。

①**無声子音＋｛[i]／[ɯ]｝＋無声子音**

　無声子音は、声帯振動による声の響きを伴わない子音です。[p] [t] [k] [ts] [tɕ] [s] [ɕ] [ɸ] [h] などがあります。無声子音に挟まれた [i] と [ɯ] は、母音の無声化が起きやすいとされています。

　例えば、「しか」[ɕika] における [i]、「くさ」[kɯsa] における [ɯ] は、声帯の振動を失って母音が響きません。このような無声化の現象が起きた場合、響きを失った [i] と [ɯ] の下に国際音声記号の補助記号 [̥] を付けて、[ɕi̥ka]、[kɯ̥sa] と表すことがあります。

　一方、「しずか」[ɕizɯka] における「し」の母音 [i] は無声化しません。後続の子音 [z] が有声子音だからです。「ははこぐさ」[hahakoŋɯsa] における「ぐ」の母音 [ɯ] も無声化しません。なぜなら「ぐ」の子音 [ŋ] が有声子音だからです。[i] と [ɯ] は無声子音に挟まれたときに無声化します。

②**無声子音＋｛語末・文末の [i]／[ɯ]｝**

　「これが、大橋で買った櫛。」という、文末が「くし」[kɯɕi] で終わる場合と、「わたしも行きます。」という、文末が「ます」[masɯ] で終わる場合を見てみます。「無声子音＋ [i]」、もしくは「無声子音＋ [ɯ]」という順序でその後は何も声を出さない場合です。この場合の [i] と [ɯ] も無声化することがあり、[kɯɕi̥]、[masɯ̥] と表すことができます。

ワーク 🖊

----

1. 喉仏に指先を当てて、「ふくしま」[ɸɯkɯɕima] と発音してみてください。無声化する可能性のある母音はどれですか。

2. 【母音の無声化】という観点から見て、他と性質の異なるものを一つ選んでください。

　（1）1　月見　　　　2　引き算　　　　3　薬　　　　4　二日　　　　5　席次

　（2）1　昼ご飯　　　2　読み物　　　　3　無意識　　　4　春休み　　　5　保険証

　（3）1　荷物。　　　2　任務。　　　　3　くし。　　　4　地下鉄。　　　5　親切。

【解答と解説】

1. 個人によって違いがあるので、母音の無声化が起きた人も、起きなかった人もいることだろう。無声化する可能性が高いのは [ɸ] と [k]、[k] と [ç] に挟まれた [ɯ]。「ふ」と「く」の母音が無声化する人も、「ふ」の母音だけが無声化する人も、「く」の母音だけが無声化する人もいるはずである。

2. （1）5　席次

　　　5[sekʲizi] は無声子音に挟まれる [i] や [ɯ] が存在しないため、無声化する可能性がない。1〜4の無声化する可能性がある母音は以下のとおり。

　　　1[tsɯkʲimʲi]：無声子音である [ts] と [kʲ] に挟まれる [ɯ]

　　　2[çikʲizaɴ]：無声子音である [ç] と [kʲ] に挟まれる [i]

　　　3[kɯsɯɾʲi]：無声子音である [k] と [s] に挟まれる [ɯ]

　　　4[ɸɯtsɯka]：無声子音である [ɸ] と [ts] に挟まれる [ɯ]、[ts] と [k] に挟まれる [ɯ]

　　（2）3　無意識

　　　3[mɯiçikʲi] のみ無声子音である [ç] と [kʲ] に挟まれる [i] が無声化する可能性がある。他の語は無声子音に挟まれる [i] や [ɯ] が存在しないため、無声化する可能性がない。

　　　1[çiɾɯgohaɴ]/[çiɾɯŋohaɴ]、2[jomʲimono]、4[haɾɯjasɯmʲi]、5[hokeĩço:]。

　　（3）2　任務。

　　　2の [ɲimmɯ] のみ語末の母音の無声化が起こらない。

　　　1[ɲimotsɯ]、3[kɯçi]、4[tɕikatetsɯ]、5[çiũsetsɯ] は「無声子音＋ {語末・文末の [i]/[ɯ]} 」という構造になるので、無声化が起こる可能性がある。

実力診断テスト

1. 次の文の（　）に適当なことばを入れてください。

（1）次の図は音声器官と呼気の流れを示している。

肺➡気管➡喉頭 ｛（①　　　　　　　　　）のあたり｝ ➡咽頭	➡（②　　　　　　　）
	➡口腔

（2）音声器官が言語音を作る（＝発する）ことを調音と言う。下あごはよく動くが、上あごはあまり動かない。よく動く部分を（　　　　　　）と言い、主として、下唇・舌先・前舌・中舌・奥舌に分けている。

（3）「ア〜〜〜」と言いながら喉仏のあたりに指先を当ててみると振動が伝わってくるので、母音は声帯を振動させる（　　　　　　）だということがわかる。

（4）母音を決定するには、唇の形と舌の位置が重要な役割を果たす。日本語の母音の [i]（イ）と [ɯ]（ウ）は、舌の位置が高い（　　　　　　）で、口の中は狭くなっている。[e]（エ）と [o]（オ）を中母音と言い、舌の位置が低い [a]（ア）を低母音と言う。

2.【　】内に示した観点から見て、他と性質の異なるものを一つ選んでください。

（1）【子音の調音点と調音者】

1　タテ　　　　2　スス　　　　3　ナノ　　　　4　パパ　　　　5　ツツ

（2）【唇のまるめ】

1　イ　　　　2　エ　　　　3　ア　　　　4　オ　　　　5　ウ

（3）【破裂音】

1　トド　　　2　土手　　　3　笹　　　　4　琴　　　　5　肩

（4）【日本語の母音】

1　[e]　　　　2　[o]　　　　3　[ɑ]　　　　4　[i]　　　　5　[ɯ]

（5）【母音の無声化】

1　青森県　　　2　鳥取県　　　3　栃木県　　　4　徳島県　　　5　大分県

（6）【語末の無声化】

1　歌手　　　　2　地理　　　3　趣旨　　　4　椅子　　　5　知的

3．次の学習者の発音上の問題点として最も適当なものを一つ選んでください。

（1）「気持ち」という意味で、「きむち」と発音した。

     1　声帯振動　　　　2　舌の前後位置

     3　舌の高さ　　　　4　母音の中舌化

（2）「道」という意味で、「むち」と発音した。

     1　舌の前後位置　　　2　声帯振動

     3　舌の高さ　　　　4　唇のまるめ

（3）「雨の日」という意味で、「あみのひ」と発音した。

     1　舌の前後位置　　　2　声帯振動

     3　舌の高さ　　　　4　唇のまるめ

実力診断テスト　解答と解説

1.（1）①声帯／喉仏　②鼻腔
（2）調音者
（3）有声音
（4）高母音
「高母音」は「狭母音」、「中母音」は「半狭母音」、「低母音」は「広母音」とも言う。

2.
（1）4　パパ
4「パパ」のみ上唇と下唇で発音される両唇音。1「タテ」、2「スス」、3「ナノ」、5「ツツ」は歯茎と舌先を使って発音する歯茎音。

（2）4　オ
4「オ」だけが唇にまるめを伴う母音。

（3）3　笹
3「笹」[sasa] のみ破裂音が入っていない。1「トド」[todo]、2「土手」[dote]、4「琴」[koto]、5「肩」[kata] には [t]、[d]、[k] などの破裂音が含まれている。

（4）3　[ɑ]
3[ɑ] は日本語には存在しない母音を表す発音記号。日本語の「ア」は [a] で表す。

（5）4　徳島県
4「徳島県」[tokɯɕimakeɴ] のみ、無声子音である [k] と [ɕ] に挟まれた [ɯ] が無声化する可能性がある。1 [aomoɾʲikeɴ]、2 [tottoɾʲikeɴ]、3 [totɕigʲikeɴ]/[totɕiɲʲikeɴ]、5 [oːitakeɴ]。

（6）2　地理
2「地理」[tɕiɾʲi] の [ɾʲ] は有声子音であるため、語末の母音は無声化しない。1「歌手」[kaɕɯ]、3「趣旨」[ɕɯɕi]、4「椅子」[isɯ]、5「知的」[tɕitekʲi] は「無声子音＋｛語末・文末の [i]/[ɯ]｝」という構造になっているため、語末の母音が無声化する可能性がある。

3.
（1）3　舌の高さ
「きもち」[kʲimotɕi] と発音すべきところを「きむち」[kʲimɯtɕi] と発音してしまったので、[o] と [ɯ] の違いを考える。[o] と [ɯ] はどちらも奥舌が関わって発音されるが、[o] は中母音（半狭母音）、[ɯ] は高母音（狭母音）であるため、舌の高さが異なる。母音はすべ

て声帯振動がある有声音。

（2）1　舌の前後位置

「みち」[mʲitɕi] と発音すべきところを「むち」[mɯtɕi] と発音してしまったので、[i] と [ɯ] との違いを考える。[i] と [ɯ] はどちらも舌の位置が高い高母音（狭母音）で、唇のまるめがない非円唇母音だが、[i] は前舌が関わって発音され、[ɯ] は奥舌が関わって発音されるため、舌の前後位置が異なる。

（3）3　舌の高さ

「あめ」[ame] と発音すべきところを「あみ」[amʲi] と発音してしまったので、[e] と [i] の違いを考える。[e] と [i] はどちらも前舌が関わって発音され、唇のまるめがない非円唇母音だが、[e] は中母音（半狭母音）、[i] は高母音（狭母音）であるため、舌の高さが異なる。

第6章

子音—1

第6章と第7章では子音を学びます。子音は、声帯振動の有無、調音点、調音法という三つの観点から分類することができますが、本章ではまず、カ行〜ダ行に関わる子音にどのような特徴が見られるか、確認しましょう。学習の際は、それぞれの音の発音記号と音素記号を少しずつでも覚えることをおすすめします。

1. カ行の子音　　[k] [kʲ]

2. ガ行の子音　　[g] [gʲ] [ŋ] [ŋʲ]

3. サ行の子音　　[s] [ɕ]

4. ザ行の子音　　[z] [ʑ] [ʣ] [ʥ]

5. タ行の子音　　[t] [ts] [tɕ]

6. ダ行の子音　　[d]

実力診断クイズ

本章を学ぶ前に、
以下の問題に挑戦してみて、
どのくらい解けるか探ってみましょう。
難しいと思われる問題は
この章で解決することを目指しましょう。

【 】内に示した観点から見て、当てはまるものをすべて選んでください。

（1）【有声子音の仮名】

1 ダ	2 テ	3 ギュ	4 ゴ	5 ジ
6 ス	7 ゼ	8 ド	9 ケ	10 ショ

（2）【無声子音の仮名】

1 チュ	2 キャ	3 ゲ	4 シ	5 サ
6 デ	7 ク	8 ツ	9 ギョ	10 チ

（3）【無声子音の仮名のペア】

1 カ：シ	2 キ：ク	3 ク：ギ
4 ス：ズ	5 ス：ト	6 ス：ツ
7 シュ：セ	8 ギ：ガ	9 タ：テ	10 シ：ジ

（4）【子音の調音点が歯茎である仮名】

1 キャ	2 セ	3 キ	4 ソ	5 シ
6 シャ	7 ス	8 カ	9 ザ	10 ツ

（5）【子音が摩擦音である仮名】

1 サ	2 ソ	3 シ	4 ダ	5 ト
6 チャ	7 シュ	8 キュ	9 ス	10 ショ

解答と解説

どうだったかなぁ？

（1） 1　ダ　　　3　ギュ　　　4　ゴ　　　5　ジ　　　7　ゼ　　　8　ド

　　有声子音とは、声帯を振動させて発音する子音で、1、3、4、5、7、8は、喉仏
のあたりに指先を当てると振動が伝わってくる。

（2） 1　チュ　　　2　キャ　　　4　シ　　　5　サ　　　7　ク　　　8　ツ
　　10　チ

　　無声子音とは、声帯を振動させずに発音する子音で、1、2、4、5、7、8、10
の子音は発音時に喉仏に振動を感じない。他の選択肢は有声子音。

（3） 1　カ：シ　　　2　キ：ク　　　5　ス：ト　　　6　ス：ツ
　　7　シュ：セ　　　9　タ：テ

　　カ行、サ行（「シャ、シュ、ショ」を含む）、タ行の子音はみな無声子音。

（4） 2　セ　　　4　ソ　　　7　ス　　　9　ザ　　　10　ツ

　　発音するとき、舌の先が歯茎（上側の前歯の付け根あたり）に接近する、もしくは付く
音を探す。

（5） 1　サ　　　2　ソ　　　3　シ　　　7　シュ　　　9　ス　　　10　ショ

　　サ行（「シャ、シュ、ショ」を含む）の子音は摩擦音である。

1. カ行の子音 [k][kʲ]

　ここからは子音の発音について見てみましょう。子音は「調音点」「調音法」「声帯振動の有無」という観点から分類することができます。

　まず、調音点を確認してみます。「カ、ク、ケ、コ」と発音すると軟口蓋に奥舌が接触しているのを感じるでしょうか。つまり、「カ、ク、ケ、コ」の子音 [k] の調音点は軟口蓋です。

　次に、調音法を確認します。子音 [k] を発音するときには呼気の流れは閉鎖されていますが、母音を発音するときになると奥舌が軟口蓋から離れ、呼気は破裂するかのように口腔から外へ出ます。こうして発せられる音を破裂音と言います。

　最後に声帯振動について確認します。母音部分の音を出さないように注意して「[k] [k] [k] [k] [k] （ククククク）……」と笑うとき喉仏あたり（＝声帯がある）に指先を当ててみてください。[k] は無声子音なので、振動は伝わりません。子音 [k] は声帯振動のない無声子音です。

　以上の情報を「声帯振動の有無」「調音点」「調音法」の順にまとめると、子音 [k] は「**無声軟口蓋破裂音**」です。

　また、「カキ」と言ってみてください。「カ」よりも「キ」のほうが舌が盛り上がっているのを感じるでしょうか。「カ、ク、ケ、コ」と比べてみると「キ、キャ、キュ、キョ」を発音するときの舌のほうが、子音 [k] の調音点である軟口蓋よりも、硬口蓋に向かって盛り上がります。この現象を口蓋化（硬口蓋化とも）と言います。「キ、キャ、キュ、キョ」は I.P.A の補

図 6-1

発音記号	[k]（カ、ク、ケ、コの子音）				[kʲ]（キ、キャ、キュ、キョの子音）			
名称	無声軟口蓋破裂音				口蓋化した無声軟口蓋破裂音			
口腔図	息は口から出ている！　閉じている！				舌は硬口蓋に向かって盛り上がっている！			
	カ	ク	ケ	コ	キ	キャ	キュ	キョ
音素記号 発音記号	/ka/ [ka]	/ku/ [kɯ]	/ke/ [ke]	/ko/ [ko]	/ki/ [kʲi]	/kja/ [kʲa]	/kju/ [kʲɯ]	/kjo/ [kʲo]

※図 6-1 と図 6-2 の口腔図は同じ。

助記号 [ʲ] を [k] の右肩に付けて [kʲ] と表記し、「**口蓋化した無声軟口蓋破裂音**」と呼んでいます。調音者は中舌です。「キ、キャ、キュ、キョ」の子音の発音記号は同じ [kʲ] ですが、「キ」は直音のイの段であり、「キャ、キュ、キョ」は拗音です。「キャ、キュ、キョ」は子音部分の最初から拗音の響きがあります。しかし、発音記号には直音と拗音の違いが表れません。

　口腔図を見るときには、調音者である舌が調音点のどこに接触しているか、あるいは接近しているかを見てください。主として破裂音と破擦音などは接触します。摩擦音や接近音などは接近しますが、接触しません。また、口蓋帆が閉じているか、開いているかもポイントです。例えば、口腔図 [k] [kʲ] は、口蓋帆が鼻への通路を閉じて肺からの呼気を口腔に通しています。

　残念ながら、声帯振動は口腔図では確認できませんので、喉仏のあたりに手を当てて、子音ごとに確認してください。

ワーク ✎

次のことばの発音記号を書いてください。

（1）あか（赤）　　　（2）いく（行く）　　（3）おけ（桶）　　（4）うき（雨季）

（5）きょか（許可）　　（6）きゃく（客）　　（7）こい（鯉）　　（8）えき（駅）

【解答と解説】

※ここでは、100％正確に書けなくてもよい。発音記号は、こういうものかということを認識して、今後コツコツと覚えてほしい。このワークでは、母音とカ行の子音に限定しているので、少ないうちに覚えることも要領よく学ぶ方法の一つである。

（1）[aka]　　（2）[ikɯ]　　（3）[oke]　　（4）[ɯkʲi]

（5）[kʲoka]　　（6）[kʲakɯ]　　（7）[koi]　　（8）[ekʲi]

２．ガ行の子音 [g][gʲ][ŋ][ŋʲ]

　ガ行音の子音には口音の [g] [gʲ] と、鼻音、いわゆる鼻濁音と呼ばれる [ŋ] [ŋʲ] があります。

（１）口音のガ行音

　「がっこう（学校）」「ぐたいさく（具体策）」「げんぜい（減税）」「ごうかく（合格）」などの語頭の「ガ、グ、ゲ、ゴ」の子音 [g] は、「カ、ク、ケ、コ」の子音 [k] と同じ調音点と調音法です。肺から上がってきた呼気は閉鎖されていた軟口蓋で止まり、母音になった瞬間、破裂の状態で口から外に出ます。しかし、「ガ、グ、ゲ、ゴ」の子音は声帯振動を伴います。声帯振動を伴うので、「**有声軟口蓋破裂音**」と言い、発音記号は [g] で表記します。「ぎじゅつ（技術）」「ギャップ」「ぎゅうにゅう（牛乳）」「ぎょうざ（餃子）」などの語頭の「ギ、ギャ、ギュ、ギョ」の子音は口蓋化しますから、補助記号の [ʲ] を用いて [gʲ] と表記します。「**口蓋化した有声軟口蓋破裂音**」と言います。

図 6-2

発音記号	[g] （ガ、グ、ゲ、ゴの子音）				[gʲ] （ギ、ギャ、ギュ、ギョの子音）			
名称	有声軟口蓋破裂音				口蓋化した有声軟口蓋破裂音			
口腔図								
	ガ	グ	ゲ	ゴ	ギ	ギャ	ギュ	ギョ
音素記号 発音記号	/ga/ [ga]	/gu/ [gɯ]	/ge/ [ge]	/go/ [go]	/gi/ [gʲi]	/gja/ [gʲa]	/gju/ [gʲɯ]	/gjo/ [gʲo]

※図 6-2 と図 6-1 の口腔図は同じ。

（2）鼻音のガ行音

「めがね（眼鏡）」「かぎ（鍵）」「すぐれもの（優れ物）」「はげみ（励み）」「まご（孫）」などの和語の語中語尾のガ行音は、いわゆる鼻濁音と呼ばれる音です。「カ゜、ク゜、ケ゜、コ゜」は「**有声軟口蓋鼻音**」と言い [ŋ] で表し、「キ゜、キ゜ャ、キ゜ュ、キ゜ョ」は「**口蓋化した有声軟口蓋鼻音**」と言い [ŋʲ] で表します。「鼻音」は声帯振動のある有声音であることが確定していますから、名称に「有声」を付けないで「**軟口蓋鼻音**」「**口蓋化した軟口蓋鼻音**」と言うこともあります。

　伝統的に発音されてきた音ですが、近年減少傾向にあります。近い将来消滅するかもしれませんが、現在は全くゼロではありませんから、この音を日本語教師が聞き取る力を保持していることは望ましいと考えられています。どのような音か理解しておきましょう。

　鼻音のガ行音の記号と名称は以下のとおりです。

図 6-3

発音記号	[ŋ] （カ゜、ク゜、ケ゜、コ゜の子音）				[ŋʲ] （キ゜、キ゜ャ、キ゜ュ、キ゜ョの子音）			
名称	（有声）軟口蓋鼻音				口蓋化した（有声）軟口蓋鼻音			
口腔図	息は鼻から出ている！　開いている！							
	カ゜	ク゜	ケ゜	コ゜	キ゜	キ゜ャ	キ゜ュ	キ゜ョ
音素記号 発音記号	/ga/ [ŋa]	/gu/ [ŋɯ]	/ge/ [ŋe]	/go/ [ŋo]	/gi/ [ŋʲi]	/gja/ [ŋʲa]	/gju/ [ŋʲɯ]	/gjo/ [ŋʲo]

　口音のガ行音の口腔図は、口蓋帆が鼻腔への通路を閉じています。

　鼻音のガ行音は、口腔への呼気の通路を口蓋帆がさまたげ、鼻腔へと導いていることを口腔図で確認してください。

（3）口音と鼻音の出現場所

口音のガ行音 [g] [gʲ]	語頭のガ行音：学術、銀行、偶然、牛乳、餃子など漢語に多い
	外来語のガ行音：メガロポリス、ジョギング、ゲレンデ、ゴム
	オノマトペ：がんがん、ぎりぎり、ぐっと、ごろごろ
	数詞：55,555
鼻音のガ行音 [ŋ] [ŋʲ]	助詞の「が」
	語中・語尾のガ行音：姿、釘、優れた、橋げた、お見事など和語に多い
	伝統行事名に使われる数詞：十五夜、七五三
	日本語に深く定着した外来語や固有名詞の中のガ行音：オルガン、カンガルー、イギリス、ポルトガル
	日本語に深く定着した漢語の中のガ行音：小学校、株式会社

ワーク ✐

1.「課す」の語頭の子音 [k] と、「ガス」の語頭の子音 [g] の違いを述べてください。

2. 次のことばの発音記号を書いてください。

（1）がけ（崖）　　　（2）うごく（動く）　　　（3）えいご（英語）

（4）かぎ（鍵）　　　（5）ぎょかい（魚介）　　　（6）ごく（語句）

3.「かいがい」を [kaigai] と発音しても、[kaiŋai] と発音しても、聞いている人は「海外」だと理解します。この [g] と [ŋ] のような関係の異音を何と言いますか。

1　条件異音　　　2　自由異音

【解答と解説】

1. 声帯振動の有無

    [k] 無声軟口蓋破裂音　　[g] 有声軟口蓋破裂音

2.（1）[gake]（語頭の「ガ行音」）

　（2）[ɯŋokɯ]（和語）／[ɯgokɯ]（最近の傾向）

　（3）[eiŋo]（日本語に深く定着した漢語）／[eigo]（外来の語（漢語））

　（4）[kaŋʲi]（和語）／[kagʲi]（最近の傾向）

　（5）[gʲokai]（語頭の「ガ行音」）

　（6）[gokɯ]（語頭の「ガ行音」）

3. 2　自由異音

3．サ行の子音 [s][ɕ]

（1）サ行の子音

「サ」の子音 [s] を発音すると舌先が歯茎に近づきます。決して接触することはありませんが、調音点は歯茎です。

次に調音法を確認します。舌と歯茎の間に隙間を作っていて、その隙間を肺から上がってきた呼気が通り抜けます。呼気の流れが遮られることなく発音されますから、[s〜〜] と息を出し続けることができます。摩擦音はこのように遮られることなく発音される音です。

最後に声帯振動を確認します。母音部分の音を出さないように注意して [s〜〜] と声を出しながら、喉仏のあたりに指先を当ててみると、振動は伝わりません。声帯が振動しませんから、無声子音であると言えます。以上の情報をまとめると、子音 [s] は「**無声歯茎摩擦音**」と表すことができます。

カ行とガ行のイ段と拗音では、「口蓋化した」という意味を含む特別な発音記号がないので、「口蓋化した」という表現を使って「口蓋化した無声軟口蓋破裂音」「口蓋化した有声軟口蓋破裂音」と表現し、補助記号 [ʲ] を用いました。けれどもサ行のイ段と拗音を表すためには [ɕ] という発音記号が存在しますから [ɕ] を使います。

「シ、シャ、シュ、ショ」の子音 [ɕ] は、「**無声歯茎硬口蓋摩擦音**」です。「サ、ス、セ、ソ」と発音するときの歯茎とは異なって前舌が歯茎硬口蓋に近づいています。

図 6-4

発音記号	[s]（サ、ス、セ、ソの子音）				[ɕ]（シ、シャ、シュ、ショの子音）			
名称	無声歯茎摩擦音				無声歯茎硬口蓋摩擦音			
口腔図	隙間あり！				舌が歯茎硬口蓋に近づいている！			
	サ	ス	セ	ソ	シ	シャ	シュ	ショ
音素記号 発音記号	/sa/ [sa]	/su/ [sɯ]	/se/ [se]	/so/ [so]	/si/ [ɕi]	/sja/ [ɕa]	/sju/ [ɕɯ]	/sjo/ [ɕo]

※図 6-4 と図 6-5 の口腔図は同じ。

日本語の「シ、シャ、シュ、ショ」の子音を表すのに、以前は、英語の "she"[ʃíː] や "shelter"[ʃéltɚ] などで使われる [ʃ] を使っていましたが、最近は日本語らしい発音を追求して [ɕ] を使うことが多くなりました。[ɕ] は調音者である舌が [ʃ] よりも平たい形です。

（2）母音の中舌化

　「ウ」[ɯ] という母音を発しながら舌（調音者）の形を観察して、次に「ス」[sɯ] と言ってみると、奥舌ではなく、中舌が盛り上がるのを感じます。母音の [ɯ] は奥舌で発音するのが普通ですが、このように中舌で発音することになる現象を「**中舌化**」と言い、補助記号の [¨] を付けて [ü] と表記します。

　この「母音の中舌化」は、この後で学ぶ [z] [ts] [ʥ] にも現れます。「ス、ツ、ズ、ヅ」が中舌化したことを、[sü] [tsü] [zü] [ʥü] と表記する場合があります。

　中舌化する四つの子音は、以下のとおりです。

s ＋ ɯ → [sü]	ts ＋ ɯ → [tsü]
z ＋ ɯ → [zü]	ʥ ＋ ɯ → [ʥü]

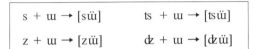

ワーク

次のことばの発音記号を書いてください。

（1）しけい（歯茎）　　（2）さいく（細工）　　（3）ガス

（4）あそこ　　　　　　（5）せき（席）　　　　（6）しゃかい（社会）

（7）きしゅ（機種）　　（8）そしょく（粗食）

【解答】

（1）[ɕikei]　　（2）[saikɯ]　　（3）[gasɯ]　　（4）[asoko]

（5）[sekʲi]　　（6）[ɕakai]　　（7）[kʲiɕɯ]　　（8）[soɕokɯ]

4. ザ行の子音 [z][ʑ][ʣ][ʥ]

　一般的に、ザ行は、次の①②③④に整理できます。

①語中と語尾に現れる「ザ、ズ、ゼ、ゾ」の子音　[z] 有声歯茎摩擦音

　　例：かざり、くず、ごぜん、えぞ

②語中と語尾に現れる「ジ、ジャ、ジュ、ジョ」の子音　[ʑ] 有声歯茎硬口蓋摩擦音

　　例：すじこ、かじゃ（冠者）、びじゅつ、えどじょう

③語頭と撥音の後ろに現れる「ザ、ズ、ゼ、ゾ」の子音　[ʣ] 有声歯茎破擦音

　　例：ざっし、ずい、ぜんぶ、ぞう、かんざし、あんず、かんぜ（観世）、かんぞう

④語頭と撥音の後ろに現れる「ジ、ジャ、ジュ、ジョ」の子音　[ʥ] 有声歯茎硬口蓋破擦音

　　例：じゆう、じゃどう、じゅもく、じょうず、さんじ、かんじゃ、しんじゅ、ほんじょ

　さて、[k] [g] が破裂音で、[s] は摩擦音だということを学びました。ここに新たに子音 [ʣ] と [ʥ] の調音法として破擦音という名称が登場しました。

　[k] [g] [s] の記号は、1個ですが、[ʣ] と [ʥ] は記号2個から構成されています。このことは破裂音と摩擦音がほぼ同時に発音されることを表しています。「象さん」と言ってみて「ゾ」の子音の発音を観察してください。「ゾ」は破裂とほぼ同時に摩擦が起こる破擦音です。

　なお、かつて [ʑ] は [ʒ]、[ʥ] は [ʤ] と表記していましたが、現在は [ʑ]、[ʥ] を用いることが多くなりました。

図 6-5

発音記号	① [z] （語中・語尾のザ、ズ、ゼ、ゾの子音）				② [ʑ] （語中・語尾のジ、ジャ、ジュ、ジョの子音）			
名称	有声歯茎摩擦音				有声歯茎硬口蓋摩擦音			
口腔図								
	ザ	ズ	ゼ	ゾ	ジ	ジャ	ジュ	ジョ
音素記号 発音記号	/za/ [za]	/zu/ [zɯ]	/ze/ [ze]	/zo/ [zo]	/zi/ [ʑi]	/zja/ [ʑa]	/zju/ [ʑɯ]	/zjo/ [ʑo]

※図 6-5 と図 6-4 の口腔図は同じ。

図 6-6

発音記号	③ [ʣ]（語頭・撥音の後ろの ザ、ズ、ゼ、ゾの子音）				④ [ʥ]（語頭・撥音の後ろの ジ、ジャ、ジュ、ジョの子音）			
名称	有声歯茎破擦音				有声歯茎硬口蓋破擦音			
口腔図	隙間なし！							
	ザ	ズ	ゼ	ゾ	ジ	ジャ	ジュ	ジョ
音素記号 発音記号	/za/ [ʣa]	/zu/ [ʣɯ]	/ze/ [ʣe]	/zo/ [ʣo]	/zi/ [ʥi]	/zja/ [ʥa]	/zju/ [ʥɯ]	/zjo/ [ʥo]

※図 6-6 と図 6-7 の口腔図は同じ。

ワーク 🖊

1. 次のことばの発音記号を書いてください。

（1）かぜ（風）　　　　（2）かぞく（家族）　　　　（3）じしょ（辞書）

（4）しょくじ（食事）　　（5）じゅく（塾）　　　　（6）じゃくしゃ（弱者）

（7）かざい（家財）　　　（8）くずこ（葛粉）　　　（9）じょし（助詞）

2. 学習者が「風邪を引きました」という意味で、「かじぇを引きました」と発音したときの問題点を答えてください。

3. 学習者が「家族が来ました」という意味で、「かそくが来ました」と発音したときの問題点を答えてください。

【解答と解説】

1. （1）[kaze]　　（2）[kazokɯ]　　（3）[dʑiço]　　（4）[çokɯʑi]

　　（5）[dʑɯkɯ]　　（6）[dʑakɯça]　　（7）[kazai]　　（8）[kɯzɯko]

　　（9）[dʑoçi]

2. 調音点

　　語中の「ぜ」の子音は [z] であるが、学習者は [ʑ] で発音し、「ジェ」になった。

　　　[z] 有声<u>歯茎</u>摩擦音　　[ʑ] 有声<u>歯茎硬口蓋</u>摩擦音

3. 声帯振動

　　語中の「ゾ」の子音は [z] であるが、学習者は [s] で発音し、「ソ」になった。

　　　[z] <u>有声</u>歯茎摩擦音　　[s] <u>無声</u>歯茎摩擦音

5．夕行の子音 [t][ts][tɕ]

まず、夕行の子音の調音法について確認しましょう。「サタサタ」と繰り返して、「サ、ス、セ、ソ」の子音 [s] が摩擦音で、「タ、テ、ト」の子音 [t] が破裂音であることを確認してください。破裂音は、子音の滑り出しに閉鎖を起こします。「ツ」と「チ」は破裂とほぼ同時に摩擦が起こる破擦音です。

次に調音点です。「タ、テ、ト」の子音 [t] と「ツ」の子音 [ts] は、発音する際に舌先が歯茎に接触しますから、調音点は歯茎です。「チ」の子音 [tɕ] の調音点は歯茎よりも少し後ろに位置する歯茎硬口蓋になります。

すなわち、夕行の子音には [t] [ts] [tɕ] の三つの異音が存在します。いずれも声帯振動はしませんから無声音です。以上の情報をまとめると、子音 [t] は「**無声歯茎破裂音**」、子音 [ts] は「**無声歯茎破擦音**」、子音 [tɕ] は「**無声歯茎硬口蓋破擦音**」と表すことができます。

なお、かつて [tɕ] は [tʃ] と表記していましたが、現在は [tɕ] を用いることが多くなりました。

図 6-7

発音記号	[t] （タ、テ、トの子音）			[ts] （ツの子音）	[tɕ] （チ、チャ、チュ、チョの子音）			
名称	無声歯茎破裂音			無声歯茎 破擦音	無声歯茎硬口蓋破擦音			
口腔図								
	タ	テ	ト	ツ	チ	チャ	チュ	チョ
音素記号 発音記号	/ta/ [ta]	/te/ [te]	/to/ [to]	/tu/ [tsɯ]	/ti/ [tɕi]	/tja/ [tɕa]	/tju/ [tɕɯ]	/tjo/ [tɕo]

※図 6-7 と図 6-6 の口腔図は同じ。

[t] [ts] [tɕ] はタ行を構成する条件異音です。次の表で示すように相補的分布をなしてタ行を構成しています。五十音図の各行の子音はこのように相補分布をしながらそれぞれの行でその役割を果たしています。ことにタ行は異音の数が多いことが特徴的です。

	[a]	[i]	[ɯ]	[e]	[o]
[t]	○			○	○
[tɕ]		○			
[ts]			○		

ワーク

1. 次のことばの発音記号を書いてください。

（1）たつ（立つ）　　　（2）とかち（十勝）　　　（3）つき（月）　　　（4）かて（糧）

2. 学習者が「月を見ました」という意味で、「すきを見ました」と発音したときの問題点を答えてください。

3. 学習者が「月を見ました」という意味で、「ちゅきを見ました」と発音したときの問題点を答えてください。

【解答と解説】
1.（1）[tatsɯ]　　　（2）[tokatɕi]　　　（3）[tsɯkʲi]　　　（4）[kate]
2. 調音法
　「ツ」の子音は [ts] であるが、学習者は [s] で発音し、「ス」になった。
　　[ts] 無声歯茎破擦音　 [s] 無声歯茎摩擦音
3. 調音点
　「ツ」の子音は [ts] であるが、学習者は [tɕ] で発音し、「チュ」になった。
　　[ts] 無声歯茎破擦音　 [tɕ] 無声歯茎硬口蓋破擦音

6. ダ行の子音 [d]

　喉仏のあたりに指先を当てて [d] [d] [d] [d] [d] と声を出してみると、声帯の振動が伝わります。有声音です。舌先を歯茎に当てて [d] を出してみてください。この際、母音を伴わない [d] だけを発音することに集中することが大事です。[d～～～] と伸ばそうとしても、摩擦音 [z～～～] のようには連続させることはできません。[d] [d] [d] [d] [d] と途切れます。破裂音だからです。以上の情報をまとめると、子音 [d] は「**有声歯茎破裂音**」と表すことができます。

　ダ行の「ダ、ヂ、ヅ、デ、ド」のうち、「ヂ、ヅ」は、現代語ではザ行の「ジ、ズ」と同じ発音になりましたので、発音記号も同じです。

図 6-8

発音記号	[d]（ダ、デ、ドの子音）			口腔図
名称	有声歯茎破裂音			
	ダ	デ	ド	
音素記号 発音記号	/da/ [da]	/de/ [de]	/do/ [do]	

※図 6-8 は図 6-6 [dʑ]、図 6-7 [t] [ts] の口腔図と同じ。

第 6 章

6. ダ行の子音 [d]

ワーク ✏

【　】内に示した観点から見て、他と性質の異なるものを一つ選んでください。

（1）【摩擦音】　　1　[d]　　　　2　[s]　　　　3　[z]　　　　4　[ʑ]

（2）【破裂音】　　1　[d]　　　　2　[kʲ]　　　3　[dʑ]　　　4　[t]

（3）【破擦音】　　1　[dʑ]　　　2　[ts]　　　3　[tɕ]　　　4　[d]

（4）【声帯振動】　1　[d]　　　　2　[tɕ]　　　3　[ts]　　　4　[s]

【解答と解説】

（1）1　[d] は破裂音　　（2）3　[dʑ] は破擦音　　（3）4　[d] は破裂音

（4）1　[d] は声帯振動のある有声子音

実力診断テスト

1. 次の仮名の下線部分の子音の発音記号、声帯振動、調音者、調音点、調音法を書いてください。

	発音記号	声帯振動	調音者	調音点	調音法
（例）かさ	[k]	無声	奥舌	軟口蓋	破裂音
きゃく					
せかい					
しんぶん					
かぜ					
じぶん					
たぬき					
くつ					
ちどり					

2. 次の学習者の発音上の問題点を答えてください。

（1）「数えました」という意味で、「かじょえました」と発音した。

（2）「準備しました」という意味で、「ちゅんびしました」と発音した。

（3）「ですから」という意味で、「でずから」と発音した。

（4）「夜祭りに行きました」という意味で、「よまちりにいきました」と発音した。

（5）「電車で行きます」という意味で、「てんしゃでいきます」と発音した。

（6）「練習しました」という意味で、「れんすうしました」と発音した。

3. これから、教師が、学習者の発音上、問題がある箇所を言い直します。発音上の問題点として最も適当なものを、一つ選んでください。25

（1）てがみは　まだ　つきませんから　しんぱいです。

1   2   3   4

（2）キムさんは　かいぎしつに　います。

1   2   3   4

（3）きまつテストは　きじゅつも　ありますか。
    1　舌の高さ
    2　舌の前後位置
    3　調音法
    4　声帯振動

（4）ぎんこうには　ちゅうしゃじょうが　ありますか。
    1　調音法
    2　声帯振動
    3　調音点
    4　声帯振動と調音点

（5）カレンさんも　がくせいですか。
    1　唇のまるめ
    2　調音点
    3　調音法
    4　子音の脱落

実力診断テスト　解答と解説

1.

	発音記号	声帯振動	調音者	調音点	調音法
（例）<u>か</u>さ	[k]	無声	奥舌	軟口蓋	破裂音
<u>きゃ</u>く	[kʲ]	無声	中舌	口蓋化した軟口蓋	破裂音
<u>せ</u>かい	[s]	無声	舌先	歯茎	摩擦音
<u>し</u>んぶん	[ɕ]	無声	前舌	歯茎硬口蓋	摩擦音
か<u>ぜ</u>	[z]	有声	舌先	歯茎	摩擦音
<u>じ</u>ぶん	[ʥ]	有声	前舌	歯茎硬口蓋	破擦音
<u>た</u>ぬき	[t]	無声	舌先	歯茎	破裂音
く<u>つ</u>	[ts]	無声	舌先	歯茎	破擦音
<u>ち</u>どり	[tɕ]	無声	前舌	歯茎硬口蓋	破擦音

2.

（1）調音点

「ゾ」の子音は [z] であるが、学習者は [ʑ] で発音し、「ジョ」になった。

　[z] 有声<u>歯茎</u>摩擦音　　[ʑ] 有声<u>歯茎硬口蓋</u>摩擦音

（2）声帯振動

語頭の「ジュ」の子音は [ʥ] であるが、学習者は [tɕ] で発音し、「チュ」になった。

　[ʥ] <u>有声</u>歯茎硬口蓋破擦音　　[tɕ] <u>無声</u>歯茎硬口蓋破擦音

（3）声帯振動

「ス」の子音は [s] であるが、学習者は [z] で発音し、「ズ」になった。

　[s] <u>無声</u>歯茎摩擦音　　[z] <u>有声</u>歯茎摩擦音

（4）子音の調音点と母音の舌の前後位置

「ツ」の発音は [tsɯ] であるが、学習者は [tɕi] で発音し、「チ」になった。子音と母音、どちらも異なっている。

　[ts] 無声<u>歯茎</u>破擦音　　　　　[ɯ] <u>奥舌</u>母音

　[tɕ] 無声<u>歯茎硬口蓋</u>破擦音　[i] <u>前舌</u>母音

（5）声帯振動

「デ」の発音は [d] であるが、学習者は [t] で発音し、「テ」になった。

　[d] <u>有声</u>歯茎破裂音　　[t] <u>無声</u>歯茎破裂音

（6）**調音点**

「シュ」の発音は [ɕ] であるが、学習者は [s] で発音し、「ス」になった。

  [ɕ] 無声<u>歯茎硬口蓋</u>摩擦音　　[s] 無声<u>歯茎</u>摩擦音

3. (🔊 25)

（1）**4**

「しんぱい」の「シ」の子音は [ɕ] であるが、学習者は [s] で発音し、「スィ」になった。

  [ɕ] 無声<u>歯茎硬口蓋</u>摩擦音　　[s] 無声<u>歯茎</u>摩擦音

調音点が問題なので、選択肢の口腔図の中で調音点が「歯茎」である4が正解。

2は歯茎硬口蓋摩擦音の [ɕ] と [ʑ] の口腔図。3は歯茎硬口蓋破擦音 [tɕ] と [dʑ] の口腔図。1は日本語としては架空の口腔図である。

> 学習者：てがみは　まだ　つきませんから　<u>スィ</u>んぱいです。
>
> 教師　：しんぱい
>
> 学習者：てがみは　まだ　つきませんから　<u>スィ</u>んぱいです。

（2）**2**

「かいぎしつ」の「ツ」の子音は [ts] であるが、学習者は [tɕ] で発音し「チュ」になった。

  [ts] 無声<u>歯茎</u>破擦音　　[tɕ] 無声<u>歯茎硬口蓋</u>破擦音

調音点が問題なので、選択肢の口腔図の中で調音点が「歯茎硬口蓋」である2が正解。3は「ありません。」などの「ん」で、口蓋垂鼻音 [ɴ]。鼻腔への通路が開いていると鼻音であるということに注意する。4は、軟口蓋破裂音の [k] と [g] の口腔図。破裂音は最初に「閉鎖」を起こすので、調音点に隙間がない。1は日本語としては架空の口腔図である。

> 学習者：キムさんは　<u>かいぎしちゅ</u>に　います。
>
> 教師　：かいぎしつ
>
> 学習者：キムさんは　<u>かいぎしちゅ</u>に　います。

（3）2　舌の前後位置

「きじゅつ」の「ジュ」の発音は [ʑɯ] であるが、学習者は「ジ」[ʑi] と発音したので、問題は子音ではなく、母音の発音であることがわかる。[i] は前舌が関わって発音され、[ɯ] は奥舌が関わって発音されるので、問題は舌の前後位置である。

> 学習者：テストは　きじつも　ありますか。
>
> 教師　：きじゅつ
>
> 学習者：テストは　きじつも　ありますか。

（4）2　声帯振動

「ちゅうしゃじょう」の「チュ」の子音は [tɕ] であるが、学習者は [dʑ] で発音し、「ジュ」になった。

　[tɕ] 無声歯茎硬口蓋破擦音　　[dʑ] 有声歯茎硬口蓋破擦音

> 学習者：ぎんこうには　じゅうしゃじょうが　ありますか。
>
> 教師　：ちゅうしゃじょう
>
> 学習者：ぎんこうには　じゅうしゃじょうが　ありますか。

（5）3　調音法

「がくせい」の語頭の「ガ」の子音は口音の [g] であるが、学習者は鼻音の [ŋ] で発音した。

　[g] 有声軟口蓋破裂音　　[ŋ]（有声）軟口蓋鼻音

> 学習者：カレンさんも　がくせいですか。
>
> 教師　：がくせい
>
> 学習者：カレンさんも　がくせいですか。

第7章

子音─2

第7章では、前章に続き、ナ行〜ワ行に関わる子音を学びます。第6章には出てこなかった調音点や調音法も出てきますから、注意が必要です。一つ一つ声に出してみることで、理解しやすくなります。ぜひ声に出しながら学習を進めてみてください。

1. ナ行の子音　[n] [ɲ]

2. ハ行の子音　[h] [ç] [ɸ]

3. バ行の子音　[b] [bʲ]

4. パ行の子音　[p] [pʲ]

5. マ行の子音　[m] [mʲ]

6. ヤ行の子音　[j]

7. ラ行の子音　[ɾ] [ɾʲ]

8. ワ行の子音　[ɰ (w)]

実力診断クイズ

本章を学ぶ前に、
以下の問題に挑戦してみて、
どのくらい解けるか探ってみましょう。
難しいと思われる問題は
この章で解決することを目指しましょう。

/5

【 】内に示した観点から見て、当てはまるものをすべて選んでください。

(1)【有声子音の仮名】

1	ヌ	2	フ	3	ベ	4	ポ	5	モ
6	ユ	7	リ	8	ワ	9	ス	10	タ

(2)【無声子音の仮名】

1	ノ	2	ホ	3	ブ	4	ピョ	5	マ
6	パ	7	ミ	8	ヨ	9	ラ	10	ワ

(3)【有声子音の仮名のペア】

1	ガ：ナ	2	ヒ：メ	3	バ：ギ
4	パ：ス	5	ヤ：マ	6	ニョ：ロ
7	ミュ：セ	8	ラ：ガ	9	ダ：テ	10	ネ：ム

(4)【子音の調音点が両唇である仮名】

1	キャ	2	パ	3	ム	4	ボ	5	フ
6	ペ	7	ブ	8	ヨ	9	プ	10	チ

(5)【子音が破裂音である仮名】

1	ピ	2	ハ	3	ブ	4	ワ	5	ヤ
6	ラ	7	ヌ	8	ミ	9	パ	10	ピュ

解答と解説

- -

（1）1 ヌ　　　3 ベ　　　5 モ　　　6 ユ　　　7 リ　　　8 ワ

　　1、3、5、6、7、8の子音が、喉仏のあたりに指先を当てると振動が伝わってくる有声子音。

（2）2 ホ　　　4 ピョ　　　6 パ

　　2、4、6の子音が、発音時に喉仏に振動を感じない無声子音。

（3）1 ガ：ナ　　　3 バ：ギ　　　5 ヤ：マ　　　6 ニョ：ロ

　　8 ラ：ガ　　　10 ネ：ム

　　ガ行、ナ行（「ニャ、ニュ、ニョ」を含む）、バ行、マ行、ラ行、ヤ行の子音はみな有声子音。サ行、タ行、ハ行、パ行の子音は無声子音。

（4）2 パ　　　3 ム　　　4 ボ　　　5 フ　　　6 ペ

　　7 ブ　　　9 プ

　　発音するとき、上唇と下唇が近づいたり、合わさったりする音を探す。

（5）1 ピ　　　3 ブ　　　9 パ　　　10 ピュ

　　破裂音とは、一度閉鎖を作ってから破裂させる音のこと。バ行、パ行（「ピャ、ピュ、ピョ」を含む）はともに破裂音。

どうだったかなあ？

第7章　実力診断クイズ

1. ナ行の子音 [n][ɲ]

　手のひらを口の前に立てて、「タテト、ナヌネノ、タテト、ナヌネノ」と声を出してみると、「タ、テ、ト」の子音 [t] を発するときは、口から出る息を感じます。ところが、「ナ、ヌ、ネ、ノ」の子音 [n] のときになると、息が少なくなったように感じます。

　これは子音 [t] が口腔を通る子音であるのに対して「ナ、ヌ、ネ、ノ」の子音 [n] は、鼻腔を通る鼻音だからです。肺から上がってきた呼気が咽頭のあたりまでくると、口蓋垂の後ろ側にある口蓋帆が口腔への通路を閉鎖して、呼気を鼻腔へ通す音が鼻音です。

　「ナ、ヌ、ネ、ノ」の子音 [n] は、声帯振動のある有声音で、調音点は歯茎です。「ナ、ヌ、ネ、ノ」の子音 [n] を、「**有声歯茎鼻音**」と言います。

　調音点に注意して「ナ、ヌ、ネ、ノ」「ニ、ニャ、ニュ、ニョ」と言ってみると、「ナ、ヌ、ネ、ノ」の子音 [n] の調音点である歯茎から、「ニ、ニャ、ニュ、ニョ」の子音 [ɲ] の調音点は歯茎硬口蓋に移動していることがわかります。[ɲ] を「**有声歯茎硬口蓋鼻音**」と言います。

　[n] を「有声歯茎鼻音」、[ɲ] を「有声歯茎硬口蓋鼻音」と言いますが、鼻音は声帯振動のある有声音であることが確定していますから、名称に「有声」を付けないで「**歯茎鼻音**」「**歯茎硬口蓋鼻音**」と言うこともあります。

図 7-1

発音記号	[n] （ナ、ヌ、ネ、ノの子音）				[ɲ] （ニ、ニャ、ニュ、ニョの子音）			
名称	（有声）歯茎鼻音				（有声）歯茎硬口蓋鼻音			
口腔図								
	ナ	ヌ	ネ	ノ	ニ	ニャ	ニュ	ニョ
音素記号 発音記号	/na/ [na]	/nu/ [nɯ]	/ne/ [ne]	/no/ [no]	/ni/ [ɲi]	/nja/ [ɲa]	/nju/ [ɲɯ]	/njo/ [ɲo]

ワーク ✎

1. 学習者が「カナダ」という意味で、「カダダ」と発音したときの問題点を答えてください。

2. 次のことばの発音記号を書いてください。

（1）ななつ（七つ）　　　（2）ぬの（布）　　　（3）のど（喉）

（4）ねぎ　　　　　　　（5）にし（西）　　　（6）にょい（如意）

（7）にょきにょき　　　（8）ニャニュニョ　　（9）くに（国）

【解答と解説】

1. 調音法

　　「ナ」の子音は [n] であるが、学習者は [d] で発音し、「ダ」になった。

　　　[n]（有声）歯茎鼻音　　[d] 有声歯茎破裂音

　　調音法の誤りであるが、息が鼻腔から出ているか、口から出ているかを意識させることも必要である。

2.（1）[nanatsɯ]　　（2）[nɯno]　　（3）[nodo]　　（4）[negʲi]/[neŋʲi]

　　（5）[ɲiɕi]　　（6）[ɲoi]　　（7）[ɲokʲiɲokʲi]　　（8）[ɲaɲɯɲo]　　（9）[kɯɲi]

2．ハ行の子音 [h][ç][ɸ]

　寒いときに手に「ハ〜〜〜」と息を吹きかけることがありますね。この要領で「ハ〜〜〜」と息を出してみると、「ハ、ヘ、ホ」の子音 [h] が出てきます。声帯振動のない無声子音で、声門（左右の声帯の間）を通り抜ける摩擦音です。[h] は「**無声声門摩擦音**」です。

　次に、「ヒ」と言うつもりで母音を外して「ヒ〜〜〜」と息を出してみると、硬口蓋に向かって中舌が盛り上がっています。「ヒ、ヒャ、ヒュ、ヒョ」の子音 [ç] です。この [ç] は「**無声硬口蓋摩擦音**」という名称で呼ばれます。

　バースデイケーキのろうそくを吹き消すつもりで、「フ〜〜〜」と息を出すと、「フ」の子音 [ɸ] が出てきます。「フ〜〜〜」と両唇から息を送り出しながら喉仏のあたりに手を当ててみると、声帯は振動をしていません。[ɸ] は「**無声両唇摩擦音**」です。

　ハ行には、[h] [ç] [ɸ] の三つの異音があり、相補的分布をなしてハ行を構成しています。[h] [ç] [ɸ] はハ行を構成するための条件異音です。

図 7-2

発音記号	[h] （ハ、ヘ、ホの子音）			[ç] （ヒ、ヒャ、ヒュ、ヒョの子音）				[ɸ] （フの子音）
名称	無声声門摩擦音			無声硬口蓋摩擦音				無声両唇摩擦音
口腔図	声門							隙間あり！
	ハ	ヘ	ホ	ヒ	ヒャ	ヒュ	ヒョ	フ
音素記号 発音記号	/ha/ [ha]	/he/ [he]	/ho/ [ho]	/hi/ [çi]	/hja/ [ça]	/hju/ [çɯ]	/hjo/ [ço]	/hu/ [ɸɯ]

ワーク ✏

1. 「ふかふかのふとん」「ひひょう」「ははのひ」などのことばを発音しながら、子音 [ɸ] と [ç] と [h] の声帯振動の有無、調音点、調音法の3点を確認してください。

2. 次のことばの発音記号を書いてください。

（1）ひふ（皮膚）　　　（2）へさき（舳先）　　　（3）ほね（骨）

（4）ひょいと　　　　（5）ひゃく（百）　　　　（6）ふね（船）

（7）はね（羽）　　　　（8）ヒャヒュヒョ

【解答と解説】

1. 「ふかふかのふとん」と言ってみると、「フ」の子音 [ɸ] 無声両唇摩擦音の調音点は両唇であることがはっきりとわかる。

「ひひょう」と言ってみると、「ヒ」の子音 [ç] 無声硬口蓋摩擦音は、拗音「ヒョ」と調音点が同じであることがわかる。

「ははのひ」と言ってみると、「ハ」の子音 [h] 無声声門摩擦音と「ヒ」の子音 [ç] 無声硬口蓋摩擦音で調音点が違うことがわかる。

2. （1）[çiɸɯ]　　（2）[hesakʲi]　　（3）[hone]　　（4）[çoito]
（5）[çakɯ]　　（6）[ɸune]　　（7）[hane]　　（8）[çaçɯço]

3．バ行の子音 [b][bʲ]

　喉仏のあたりに手を当てて、バ行の子音 [b] を発音してみると、声帯の振動が伝わってきます。また、摩擦音「ザ」の子音 [z] は、息の切れそうなときまで [z〜〜〜] と伸ばすことができますが、[b〜〜〜] と伸ばそうとしても、[b] [b] [b] [b] [b] のように、途切れ途切れになります。バ行の子音 [b] は破裂音だからです。

　「はば」と発音してみると、調音点が [h] の声門から [b] の両唇に移動したこともはっきりとわかります。これらの情報をまとめて、バ行の子音 [b] は、「**有声両唇破裂音**」と呼ぶことができます。

　「ビ、ビャ、ビュ、ビョ」の子音は、調音点は両唇ですが、舌が硬口蓋に向かって盛り上がりますから、「**口蓋化した有声両唇破裂音**」です。

図 7-3

発音記号	[b] （バ、ブ、ベ、ボの子音）				[bʲ] （ビ、ビャ、ビュ、ビョの子音）			
名称	有声両唇破裂音				口蓋化した有声両唇破裂音			
口腔図								
	バ	ブ	ベ	ボ	ビ	ビャ	ビュ	ビョ
音素記号 発音記号	/ba/ [ba]	/bu/ [bɯ]	/be/ [be]	/bo/ [bo]	/bi/ [bʲi]	/bja/ [bʲa]	/bju/ [bʲɯ]	/bjo/ [bʲo]

ワーク 🖉

次のことばの発音記号を書いてください。

（1）びじゅつ（美術）　　　（2）とび（鳶）　　　（3）すべて　　　（4）びゃくえ（白衣）

【解答】（1）[bʲiʑɯtsɯ]　　（2）[tobʲi]　　（3）[sɯbete]　　（4）[bʲakɯe]

116

4．パ行の子音 [p][pʲ]

　「パ、プ、ペ、ポ」の子音 [p] は子音 [b] と調音点、調音法は同じですが、声帯振動の有無の違いがあります。「パパ」などの子音 [p] を発音しながら喉仏のあたりに手を当ててみると、振動が伝わってきません。無声子音だからです。つまり、「パ、プ、ペ、ポ」の子音 [p] は「**無声両唇破裂音**」です。

　「ピ、ピャ、ピュ、ピョ」の場合は、舌が硬口蓋に向かって盛り上がりますから、「**口蓋化した無声両唇破裂音**」と呼びます。

発音記号	[p] （パ、プ、ペ、ポの子音）				[pʲ] （ピ、ピャ、ピュ、ピョの子音）			
名称	無声両唇破裂音				口蓋化した無声両唇破裂音			
	パ	プ	ペ	ポ	ピ	ピャ	ピュ	ピョ
音素記号 発音記号	/pa/ [pa]	/pu/ [pɯ]	/pe/ [pe]	/po/ [po]	/pi/ [pʲi]	/pja/ [pʲa]	/pju/ [pʲɯ]	/pjo/ [pʲo]

※口腔図は、図 7-3 の口腔図と同じ。

ワーク

1.　学習者が「破擦音」という意味で、「パサツオン」と発音したときの問題点を答えてください。

2.　次のことばの発音記号を書いてください。

（1）パスタ　　　　（2）ピアノ　　　　（3）ポスト　　　　（4）ピャピュピョ

【解答と解説】

1.　調音点と調音法

　　「は」の子音は [h] であるが、学習者は [p] で発音し、「パ」になった。

　　　[h] 無声声門摩擦音　[p] 無声両唇破裂音

2.　（1）[pasɯta]　　（2）[pʲiano]　　（3）[posɯto]　　（4）[pʲapʲɯpʲo]

5. マ行の子音 [m][mʲ]

　両唇を閉じてマ行の子音 [m] を言いながら喉仏のあたりに手を当ててみると、振動が伝わってきます。「マ、ム、メ、モ」の子音 [m] は有声音です。

　調音法を見てみましょう。手のひらを口の前に立てて「ママトトママトト」と繰り返してみると、「ママ」を発音しているときには、あまり感じない呼気の流れが、「トト」では、口から出てくるのをはっきりと感じます。「ママ」の子音 [m] は、鼻音であり、「トト」の子音 [t] は、口腔を通る口音だからです。

　「ま」は上唇と下唇が接触しますから、調音点は両唇です。

　以上のことをまとめると、「マ、ム、メ、モ」の子音 [m] は、「**両唇鼻音**」です。「ミ、ミャ、ミュ、ミョ」の子音 [mʲ] は、舌が硬口蓋に向かって盛り上がりますから「**口蓋化した両唇鼻音**」という名称で呼びます。

図 7-4

発音記号	[m] （マ、ム、メ、モの子音）				[mʲ] （ミ、ミャ、ミュ、ミョの子音）			
名称	（有声）両唇鼻音				口蓋化した（有声）両唇鼻音			
口腔図								
	マ	ム	メ	モ	ミ	ミャ	ミュ	ミョ
音素記号 発音記号	/ma/ [ma]	/mu/ [mɯ]	/me/ [me]	/mo/ [mo]	/mi/ [mʲi]	/mja/ [mʲa]	/mju/ [mʲɯ]	/mjo/ [mʲo]

ワーク

1. 学習者が「買い物します」という意味で、「かいののします」と発音したときの問題点を答えてください。

2. 次のことばの発音記号を書いてください。

（1）みぞ（溝）　　　（2）かも（鴨）　　　（3）つまみ

（4）むだ（無駄）　　（5）めかくし（目隠し）　　（6）みゃく（脈）

（7）ミャミュミョ　　（8）まちぶせ（待ち伏せ）

【解答と解説】

1. 調音点

　「モ」の子音は [m] であるが、学習者は [n] で発音し、「ノ」になった。

　　[m]（有声）画唇鼻音　　[n]（有声）歯茎鼻音

2. （1）[mʲizo]　　（2）[kamo]　　（3）[tsɯmamʲi]　　（4）[mɯda]

　　（5）[mekakɯɕi]　　（6）[mʲakɯ]　　（7）[mʲamʲɯmʲo]　　（8）[matɕibɯse]

コラム

和語になかったミャ、ミュ、ミョ

　「ミャ、ミュ、ミョ」で始まる、もしくは「ミャ、ミュ、ミョ」を含む和語にどのようなものがありますか。茗荷（みょうが）とか茗荷谷（みょうがだに）を思い浮かべます。これらを除くと皆無に等しいというのが実情です。

　拗音「ミャ、ミュ、ミョ」はほとんどが外来語か漢語のことばに用いられます。この現象は、固有の和語に拗音がなかったことを物語っているのかもしれません。

　なお、茗荷の語源は「芽香（めが）」だったようですが、時代とともに音変化をして「ミョウガ」に落ち着いている、というのが定説です。

第
7
章

5. マ行の子音
[m]
[mʲ]

6．ヤ行の子音 [j]

　ヤ行の仮名は、現在では「ヤ、ユ、ヨ」の三つです。「ヤ、ユ、ヨ」の子音 [j] は、声帯振動を伴う有声音で、硬口蓋に中舌が接近して作られるので接近音と呼ばれます。接近していて摩擦音と同じような口腔内の状態になりますが、摩擦音ではありません。

　以上のことから子音 [j] は「**有声硬口蓋接近音**」と言います。しかし、接近音は有声音だということが確定していますから、頭の「有声」を省略して [j] は「**硬口蓋接近音**」とも言います。

　「ヤ、ユ、ヨ」の滑り出しの音は子音ですが、すぐに [a] [ɯ] [o] の母音に移るので、半母音と呼ぶこともあります。かつて子音 [j] を「**有声硬口蓋半母音**」と呼んでいました。

図 7-5

発音記号	[j] （ヤ、ユ、ヨの子音）			口腔図
名称	（有声）硬口蓋接近音			
	ヤ	ユ	ヨ	
音素記号 発音記号	/ja/ [ja]	/ju/ [jɯ]	/jo/ [jo]	

ワーク

1．学習者が「よろしく」という意味で、「じょろしく」と発音したときの問題点を答えてください。

2．次のことばの発音記号を書いてください。

（1）びゃくや（白夜）　　（2）ゆめ（夢）　　（3）よむ（読む）　　（4）はなやさい（花野菜）

【解答と解説】

1．調音点と調音法
　「ヨ」の子音は [j] であるが、学習者は [ʥ] で発音し、「ジョ」になった。
　　[j]（有声）<u>硬口蓋</u> <u>接近音</u>　　[ʥ] 有声<u>歯茎硬口蓋</u> <u>破擦音</u>

2．（1）[bʲakɯja]　　（2）[jɯme]　　（3）[jomɯ]　　（4）[hanajasai]

7. ラ行の子音 [ɾ][ɾʲ]

　歯茎音の「ナヌネノ、タテト、ダデド」と言った後で、「ラ、ル、レ、ロ」と言ってみると、「ナヌネノ、タテト、ダデド」では、舌先が上の歯の裏側から歯茎にかけて触れるのですが、「ラ、ル、レ、ロ」は、歯の裏側より少し奥を弾いて調音しています。「ポン」と弾くので「**歯茎弾き音**」と呼びます。弾き音は有声音だということが確定していますから、頭の「有声」を省略することもあります。記号は [r] の左側を鋭利な刃物でそぎ落としたような形の [ɾ] を使います。

　「リ、リャ、リュ、リョ」のときにも、舌先で歯茎を弾くのですが、舌が口蓋化しています。「**口蓋化した歯茎弾き音**」で、記号は [ɾʲ] を用います。

　比較的発音が易しい日本語ですが、日本語の「歯茎弾き音」[ɾ] を発音するときに、歯茎側面接近音の [l]（英語の "Light" を発音するときの "L"）とか、歯茎ふるえ音 [r]（イタリア語などのいわゆる巻き舌）とかで発音する学習者がいますから、指導に注意が必要です。

図 7-6

発音記号	[ɾ] （ラ、ル、レ、ロの子音）				[ɾʲ] （リ、リャ、リュ、リョの子音）			
名称	（有声）歯茎弾き音				口蓋化した（有声）歯茎弾き音			
口腔図								
	ラ	ル	レ	ロ	リ	リャ	リュ	リョ
音素記号 発音記号	/ra/ [ɾa]	/ru/ [ɾɯ]	/re/ [ɾe]	/ro/ [ɾo]	/ri/ [ɾʲi]	/rja/ [ɾʲa]	/rju/ [ɾʲɯ]	/rjo/ [ɾʲo]

ワーク ✐

1. 学習者が「話しました」という意味で、「はらしました」と発音したときの問題点を答えてください。

2. 次のことばの発音記号を書いてください。

（1）さくら（桜）　　　（2）れい（例）　　　（3）みどり（緑）

（4）ふるい（古い）　　（5）くろい（黒い）　　（6）リャリュリョ

（7）りゃくじ（略字）　（8）りょひ（旅費）

【解答と解説】

1. 調音法

「ナ」の子音は [n] であるが、学習者は [ɾ] で発音し、「ラ」になった。

[n]（有声）歯茎鼻音　[ɾ]（有声）歯茎弾き音

2. （1）[sakɯɾa]　　（2）[ɾei]　　（3）[mʲidoɾʲi]　　（4）[ɸɯɾɯi]

（5）[kɯɾoi]　　（6）[ɾʲaɾʲɯɾʲo]　　（7）[ɾʲakɯʑi]　　（8）[ɾʲoçi]

8．ワ行の子音 [ɰ (w)]

　「ワ、ヲ」の子音 [ɰ] は、一度両唇をすぼめると同時に調音の際、奥舌が軟口蓋に接近していますから、接近音であり、調音点は軟口蓋です。声帯振動を伴います。「**軟口蓋接近音**」という名称が付けられています。子音 [ɰ] は、[ɰ] の口の形から [a] の母音に素早く移動することによって調音される音なので接近音ではなく半母音とも呼ばれることもあります。

　発音記号に [ɰ] を使うこともありますし、[w]（**両唇・軟口蓋接近音**）を使うこともあります。[w] は、調音点が「両唇」「軟口蓋」の二か所であることを示します。しかし、外国語音での [w] は唇にまるめを伴うことが多いのですが、日本語のワ行の子音はそれほどまるめを伴わないという意味を込めて [ɰ] を使うことが増えてきています。[ɰ] は「軟口蓋接近音」という名称ですが、ワ行の子音を発音する際には両唇も関わっていることに注意してください。

図 7-7

発音記号	[ɰ]（ワ、ヲの子音）		口腔図
名称	（有声）軟口蓋接近音		
	ワ	ヲ	
音素記号 発音記号	/wa/ [ɰa]	/wo/ [ɰo]	

ワーク ✏

1. 学習者が「和室があります」という意味で、「ヴァシツがあります」と発音したときの問題点を答えてください。

2. 次のことばの発音記号を書いてください。
（1）にわ（庭）　　（2）わしゃ（話者）　　（3）おわり（終わり）

【解答と解説】

1. 調音点と調音法
　「ワ」の子音は [ɰ] もしくは [w] であるが、学習者は [v] で発音し、「ヴァ」になった。
　　[ɰ]（有声）軟口蓋接近音／[w]（有声）両唇・軟口蓋接近音　　[v] 有声唇歯摩擦音
2.（1）[ɲiɰa (ɲiwa)]　　（2）[ɰaɕa (waɕa)]　　（3）[oɰaɾʲi (owaɾʲi)]

123

実力診断テスト

1. 次の仮名の下線部分の子音の発音記号、声帯振動、調音者、調音点、調音法を書いてください。

	発音記号	声帯振動	調音者	調音点	調音法
（例）の<u>ぎ</u>く	[n]	有声	舌先	歯茎	鼻音
<u>ひ</u>ゃく					
ふ<u>べ</u>んな					
<u>は</u>やい			―		
デ<u>パ</u>ート					
つ<u>め</u>たい					
は<u>な</u>					
<u>つ</u>よい					
たり<u>る</u>					

2. 次の学習者の発音上の問題点を答えてください。

（1）「奈良へ行きました」という意味で、「なだへ行きました」と発音した。

（2）「片仮名です」という意味で、「からかなです」と発音した。

（3）「嬉しいです」という意味で、「うれひいです」と発音した。

3. これから、教師が、学習者の発音上、問題がある箇所を言い直します。発音上の問題点として最も適当なものを、一つ選んでください。 ◀)) 26

（1）あの　みせの　しおパンは　にほんで　いちばんです。

1	2	3	4

（2）ラジオを　きくのが　すきです。

1 2 3 4

（3）ごはんは　まいにち　たきます。
    1　調音点
    2　調音点と調音法
    3　調音法
    4　声帯振動

（4）つめたい　あめが　ふって　います。
    1　調音点と調音法
    2　声帯振動
    3　調音法
    4　声帯振動と調音法

（5）きょうは　ようじが　あるので、これで　しつれいします。
    1　舌の前後位置
    2　舌の高さ
    3　声帯振動と唇のまるめ
    4　調音法と調音点

（6）やまのうえに　あかいやねの　ホテルが　あります。
    1　唇のまるめ
    2　子音の脱落
    3　調音点と調音法
    4　気息の有無

実力診断テスト　解答と解説

1.

	発音記号	声帯振動	調音者	調音点	調音法
（例）の<u>ぎ</u>く	[n]	有声	舌先	歯茎	鼻音
<u>ひ</u>ゃく	[ç]	無声	中舌	硬口蓋	摩擦音
ふ<u>べ</u>んな	[b]	有声	下唇	上唇	破裂音
<u>は</u>やい	[h]	無声	—	声門	摩擦音
デ<u>パ</u>ート	[p]	無声	下唇	上唇	破裂音
つ<u>め</u>たい	[m]	有声	下唇	上唇	鼻音
は<u>な</u>	[n]	有声	舌先	歯茎	鼻音
つ<u>よ</u>い	[j]	有声	中舌	硬口蓋	接近音
たり<u>る</u>	[ɾ]	有声	舌先	歯茎	弾き音

2.

（1）調音法

「なら」の「ラ」の子音は [ɾ] であるが、学習者は [d] で発音し、「ダ」になった。

　[ɾ]（有声）歯茎<u>弾き音</u>　　[d] 有声歯茎<u>破裂音</u>

（2）声帯振動と調音法

「かたかな」の「タ」の子音は [t] であるが、学習者は [ɾ] で発音し、「ラ」になった。

　[t] <u>無声</u>歯茎<u>破裂音</u>　　[ɾ]（<u>有声</u>）歯茎<u>弾き音</u>

（3）調音点

「うれしい」の「シ」の子音は [ɕ] であるが、学習者は [ç] で発音し、「ヒ」になった。

　[ɕ] 無声<u>歯茎硬口蓋</u>摩擦音　　[ç] 無声<u>硬口蓋</u>摩擦音

3. 🔊26

（1）1

「にほん」の「ニ」の子音は [ɲ] であるが、学習者は [d] で発音し、「ディ」になった。

　[ɲ]（有声）<u>歯茎硬口蓋</u>鼻音　　[d] 有声<u>歯茎</u>破裂音

選択肢の口腔図の中で、調音点が歯茎で、調音法が閉鎖の状態になっている1が正解。

2は、歯茎硬口蓋破擦音 [tɕ][dʑ] の口腔図。3は、口蓋垂音 [ɴ] の口腔図（p.136参照）。4は声門摩擦音 [h] の口腔図。

学習者：あの　みせの　しおパンは　ディほんで　いちばんです。

教師　：にほん

学習者：あの　みせの　しおパンは　ディほんで　いちばんです。

（2）**3**

「ラジオ」の「ラ」の子音は [ɾ] であるが、学習者は日本語の発音にはない歯茎ふるえ音の [r] で発音した。

　[ɾ]（有声）歯茎<u>弾き音</u>　[r]（有声）歯茎<u>ふるえ音</u>

選択肢の口腔図の中で、調音法がふるえ音になっている3が正解。

4は、歯茎硬口蓋破擦音 [tɕ][dʑ] の口腔図。なお、1と2は、日本語としては架空の口腔図である。

学習者：<u>ラ</u>ジオを　きくのが　すきです。

教師　：ラジオ

学習者：<u>ラ</u>ジオを　きくのが　すきです。

（3）**1　調音点**

「ごはん」の「ハ」の子音は [h] であるが、学習者は [f] で発音し、「ファ」になった。

　[h] 無声<u>声門</u>摩擦音　[f] 無声<u>唇歯</u>摩擦音

学習者：ご<u>ファ</u>んは　まいにち　たきます。

教師　：ごはん

学習者：ご<u>ファ</u>んは　まいにち　たきます。

（4）**3　調音法**

「つめたい」の「メ」の子音は [m] であるが、学習者は [b] で発音し、「ベ」になった。

　[m]（有声）両唇<u>鼻音</u>　[b] 有声両唇<u>破裂音</u>

学習者：つ<u>ベ</u>たい　あめが　ふって　います。

教師　：つめたい

学習者：つ<u>ベ</u>たい　あめが　ふって　います。

（5）2　舌の高さ

「ようじ」の「ヨ」の発音は [jo] であるが、学習者は「ユ」[jɯ] と発音したので、問題は子音ではなく、母音であることがわかる。[o] は中母音、[ɯ] は高母音なので、舌の高さが問題である。

> 学習者：きょうは　ゆうじがあるので、これで　しつれいします。
>
> 教師　：ようじ
>
> 学習者：きょうは　ゆうじがあるので、これで　しつれいします。

（6）2　子音の脱落

「ホテル」の「ホ」の発音は [ho] であるが、学習者は「オ」[o] と発音したので、子音が脱落してしまっていることが問題である。

> 学習者：やまの　うえに　あかいやねの　オテルが　あります。
>
> 教師　：ホテル
>
> 学習者：やまの　うえに　あかいやねの　オテルが　あります。

コラム

助詞「を」[ɰo (wo)] が [o] に変化 ?!

「塩を取ります」「窓を開けます」などにおける助詞の「を」の発音は伝統的に [ɰo (wo)] でした。[ɰo (wo)] を堅持して発音する場合もありますから、[ɰo (wo)] が皆無になったとは断定できませんが、近年急速に [o] に変化しています。

第8章

特殊拍

　第8章では、撥音、促音、長音について学びます。これらは、語頭に立たない、母音とともに1拍を構成しないという他の子音とは違う特徴を持っています。ただし、発音している間の時間的長さは CV 構造の仮名とほぼ等しく、1拍と数えます。撥音は /N/、促音は /Q/、長音は /R/という音素を基に考えます。撥音と促音は後続の子音に、長音は前の拍の母音に注意して観察していきましょう。

実力診断クイズ

本章を学ぶ前に、
以下の問題に挑戦してみて、
どのくらい解けるか探ってみましょう。
難しいと思われる問題は
この章で解決することを目指しましょう。

/ 9

1. 【 】内に示した観点から見て、他と性質の異なるものを一つ選んでください。

（1）【撥音の種類】

    1　け<u>ん</u>てい　　　　2　り<u>ん</u>どう　　　　3　さ<u>ん</u>ぽ

（2）【撥音の種類】

    1　は<u>ん</u>にち　　　　2　ぐ<u>ん</u>ま　　　3　か<u>ん</u>ばん

（3）【撥音の種類】

    1　ありませ<u>ん</u>。　　　2　て<u>ん</u>ぐ　　　3　さ<u>ん</u>か

（4）【促音の種類】

    1　か<u>っ</u>こ　　　2　ラ<u>ッ</u>シュ　　　3　こ<u>っ</u>そり

（5）【促音の種類】

    1　そ<u>っ</u>ち　　　2　し<u>っ</u>ぱい　　　3　き<u>っ</u>さてん

（6）【長音の [o] の仮名表記】

    1　<u>遠</u>い　　　2　お<u>父</u>さん　　　3　<u>凍</u>る

2. 次の下線部分の発音上の問題点として適当なほうを選んでください。

（1）ケンさんは、<u>ゆっびんきょく（郵便局）</u>へ行くそうです。

    1　特殊拍の混同　　　2　子音の脱落

実力診断クイズ

本章を学ぶ前に、
以下の問題に挑戦してみて、
どのくらい解けるか探ってみましょう。
難しいと思われる問題は
この章で解決することを目指しましょう。

1. 【 】内に示した観点から見て、他と性質の異なるものを一つ選んでください。

（1）【撥音の種類】

    1　け<u>ん</u>てい　　　　2　り<u>ん</u>どう　　　　3　さ<u>ん</u>ぽ

（2）【撥音の種類】

    1　は<u>ん</u>にち　　　　2　ぐ<u>ん</u>ま　　　3　か<u>ん</u>ばん

（3）【撥音の種類】

    1　ありませ<u>ん</u>。　　　2　て<u>ん</u>ぐ　　　3　さ<u>ん</u>か

（4）【促音の種類】

    1　か<u>っ</u>こ　　　2　ラ<u>ッ</u>シュ　　　3　こ<u>っ</u>そり

（5）【促音の種類】

    1　そ<u>っ</u>ち　　　2　し<u>っ</u>ぱい　　　3　き<u>っ</u>さてん

（6）【長音の [o] の仮名表記】

    1　<u>遠</u>い　　　2　お<u>父</u>さん　　　3　<u>凍</u>る

2. 次の下線部分の発音上の問題点として適当なほうを選んでください。

（1）ケンさんは、<u>ゆっびんきょく（郵便局）</u>へ行くそうです。

    1　特殊拍の混同　　　2　子音の脱落

/ 9

（2）とうちょう（都庁）に申請に行きます。

    1　特殊拍の種類　　　2　拍の長さ

（3）きのうは、町のうんどんかい（運動会）でした。

    1　特殊拍の種類　　　2　拍の長さ

解答と解説

- -

1.（1）**3　さんぽ**

    両唇鼻音の「ン」。1「けんてい」と2「りんどう」の撥音は舌先が歯茎に接触する。「ン」の音は、1種類ではなく、複数の異音がある。

（2）**1　はんにち**

    歯茎硬口蓋鼻音の「ン」。2「ぐんま」と3「かんばん」の撥音は両唇で発音する。

（3）**1　ありません。**

    口蓋垂鼻音の「ン」。2「てんぐ」と3「さんか」の撥音は軟口蓋で発音する。

（4）**1　かっこ**

    無音の「ッ」。2「ラッシュ」と3「こっそり」の促音を発音している間は、摩擦する音が響く。

（5）**3　きっさてん**

    摩擦音の「ッ」。1「そっち」と2「しっぱい」の促音を発音している間は無音になる。

（6）**2　お父さん**

    「お父さん（おとうさん）」は、「う」と表記する [o] の長音。1「遠い（とおい）」と3「凍る（こおる）」は「お」と表記する [o] の長音。

2.（1）**1　特殊拍の混同**

    「ゆうびんきょく」と発音すべきところ、「ゆっびんきょく」と発音したので、[juɯː] の長音が促音になったという、特殊拍が混同した例。

（2）**2　拍の長さ**

    3拍の「とちょう」を、「とうちょう」と4拍で発音したので、「拍の長さ」に問題がある。

（3）**1　特殊拍の種類**

    「うんどうかい」の4拍目の長音「う」を、撥音「ん」で発音したので、「特殊拍の種類」に問題がある。

第8章　実力診断クイズ

1. 撥音 /N/（1）

　撥音「ン」は、母音と一つになって拍を構成することはしませんし、語頭にも立ちません。発音している間の時間的長さは1拍（＝1モーラ）です。音素記号は /N/（大文字の大きさのN）です。

　口蓋帆が、呼気の口腔への通路を閉鎖すると、おのずと呼気は鼻腔へ導かれます。/N/の異音には、[m] [n] [ɲ] [ŋ] [ɴ] [Ṽ] があります。撥音は後続の音に影響されやすく、後続の音と同じ口構え（口の形）で発音することによって前述の異音が現れます。後続の音に影響されることを逆行同化と言います。

　なお、口腔図は、それぞれ、「マ、ム、メ、モ」の子音 [m] の口腔図、「ナ、ヌ、ネ、ノ」の子音 [n] の口腔図、「ニ」の子音 [ɲ] の口腔図、鼻音の「カ゚、ク゚、ケ゚、コ゚」の子音 [ŋ] の口腔図などと同じです。それぞれの口蓋化している口腔図についても共通ですから、特殊な場合を除いて本章では掲載を省きます。

（1）両唇鼻音 [m]

　両唇鼻音の発音記号は [m] です。

　「さんま」「かんぱ（寒波）」「とんぼ」と発音しながら、撥音「ン」の部分の口の形を観察してください。「ン」の部分は上唇と下唇が閉じます。閉じた唇は開くことなく「ン」の後ろの [m] [p] [b] を発音します。後ろの子音の調音点は両唇ですから「ン」の部分も同じ調音点になります。

　「さんま」「かんぱ（寒波）」「とんぼ」を発音記号で表記すると [samma] [kampa] [tombo] です。三者の中で、「さんま」[samma] の「ん」の [m] は後続の「ま」の [m] と全く同じ音です。このような現象を**完全逆行同化**と言いますが、「かんぱ」と「とんぼ」は全く同じ音ではありませんから**不完全逆行同化**と言います。

音素記号	/N/
後続の子音	両唇音 [m] [p] [b]
語例	さんま、かんぱ（寒波）、とんぼ、かんむり（冠）
発音記号	[samma] [kampa] [tombo] [kammɯɾʲi]

（2）歯茎鼻音 [n]

　歯茎鼻音の発音記号は [n] です。

　「カンナ」「サンタ」「ほんど（本土）」「ぶんらく（文楽）」などと発音しながら、撥音「ン」

の部分の口の形を観察してください。「ン」の部分は舌先が歯茎に接触します。舌先が歯茎についたまま後ろの [n] [t] [d] [ɾ] を発音します。後ろの子音の調音点が歯茎ですから、「ン」の部分も同じ調音点になります。「カンナ」の「ン」は完全逆行同化をしています。

音素記号	/N/
後続の子音	歯茎音 [n] [t] [d] [ɾ] [ts] [dʑ]
語例	カンナ、サンタ、ほんど（本土）、ぶんらく（文楽）、メンツ、ぎんざ（銀座）
発音記号	[kanna] [santa] [hondo] [bɯnɾakɯ] [mentsɯ] [gʲindʑa]

ワーク

1. A グループと B グループの撥音を発音しているときの口が閉じているか、舌がどこかに接触しているか、観察してください。

　A グループ：かんむり（冠）、かんぱ（寒波）、トンビ

　B グループ：トンネル、ぶんつう（文通）、ほとんど

2. 次のことばの発音記号を書いてください。

（1）せんたく（選択）　　　（2）あんない（案内）　　　（3）かんるい（感涙）

（4）コンマ　　　　　　　（5）たんぼ（田んぼ）　　　（6）さんぽ（散歩）

（7）はんざい（犯罪）

【解答と解説】

1. A グループの撥音「ン」を発音しているときの両唇は閉じている。舌はどこにも接触していない。つまり、両唇鼻音である。

　　B グループの撥音「ン」を発音しているときの両唇は閉じない。舌先は歯茎に接触する。つまり、歯茎鼻音である。

2. （1）[sentakɯ]　　（2）[annai]　　（3）[kanɾɯi]　　（4）[komma]

　　（5）[tambo]　　（6）[sampo]　　（7）[handʑai]

2. 撥音 /N/（2）

（1）歯茎硬口蓋鼻音 [ɲ]

歯茎硬口蓋鼻音の発音記号は [ɲ] です。

「きんにく（筋肉）」「こんにゃく」「せんにょ（仙女）」と発音しながら、撥音「ン」の部分の口の形を観察してください。歯茎鼻音 [n] の調音点より奥まった歯茎硬口蓋に前舌を接触し、後ろの [ɲ] を発音します。後ろの子音の調音点は歯茎硬口蓋ですから、「ン」の部分も同じ調音点（歯茎硬口蓋）になります。この三つの語は完全逆行同化をしています。

音素記号	/N/
後続の子音	歯茎硬口蓋音 [ɲ] [tɕ] [dʑ]
語例	きんにく（筋肉）、こんにゃく、せんにょ（仙女）、とんち、かんじ（漢字）、せんじゃ（選者）
発音記号	[kʲiɲnikɯ] [koɲɲakɯ] [seɲɲo] [toɲtɕi] [kaɲdʑi] [seɲdʑa]

（2）軟口蓋鼻音 [ŋ]

軟口蓋鼻音の発音記号は [ŋ] です。

「まんが（漫画）」「さんか（参加）」と発音しながら、撥音「ン」の部分の口の形を観察してください。軟口蓋に奥舌を接触させて、後ろの [k] [g] [ŋ] を発音します。後ろの子音の調音点は軟口蓋ですから、「ン」の部分も同じ調音点（軟口蓋）です。中でも「まんが」の「が」を鼻音の [ŋ] で発音した場合は、完全逆行同化をしています。

音素記号	/N/
後続の子音	軟口蓋音 [ŋ] [k] [g]
語例	まんが（漫画）、さんか（参加）、ぶんか（文化）
発音記号	[maŋga]/[maŋŋa] [saŋka] [bɯŋka]

ワーク ✎

1. A グループと B グループの撥音を発音しているときの舌がどこに接触しているか、
   観察してください。

   A グループ：どんな、もんだい（問題）、せんろ（線路）

   B グループ：なんにち（何日）、にんにく、でんち（電池）

2. 次のことばの撥音の中から歯茎硬口蓋鼻音を選んでください。

   1　はんにち（半日）　　　　2　りんどう　　　　3　オニヤンマ

   4　どんな　　　　5　こんにゃく　　　　6　にんにく

3. 次のことばの発音記号を書いてください。

（1）にんじゃ（忍者）　　　（2）はんにゃ（般若）　　　（3）へんか（変化）

（4）にほんご（日本語）

【解答と解説】

1. A グループの撥音「ン」を発音しているときの舌先は歯茎に接触する。つまり、歯茎鼻音である。

   B グループの撥音「ン」を発音するときは、前舌が歯茎硬口蓋に接触する。つまり、歯茎硬口蓋鼻音である。

2. 歯茎硬口蓋鼻音は 1「はんにち [haɲɲitɕi]」、 5「こんにゃく [koɲɲakɯ]」、 6「にんにく [ɲiɲɲikɯ]」。

   2「りんどう [rʲindoː]」と 4「どんな [donna]」は歯茎鼻音で、 3「オニヤンマ [oɲijamma]」は両唇鼻音である。

3.（1）[ɲindʑa]　　（2）[haɲɲa]　　（3）[heŋka]　　（4）[ɲihoŋgo]/[ɲihoŋŋo]

第8章

2. 撥音 /N/ (2)

135

3. 撥音 /N/（3）

（1）口蓋垂鼻音 [ɴ]

　語末や文末で後続の音が何もないという環境のとき、**口蓋垂鼻音**の撥音 [ɴ] が調音されます。「ほん（本）。」「パン。」「ありません。」などの後続の音のない撥音「ン」の場合、口蓋垂に奥舌が接触して [ɴ] を調音しています。音素 /N/ に所属する異音の一つです。音素記号 /N/ は大文字の大きさですが、口蓋垂鼻音の [ɴ] は小文字の大きさで表記します。あまり他の言語には見られない珍しい撥音 [ɴ] です。

音素記号	/N/
後続の子音	なし
語例	「ほん（本）。」「パン。」「ありません。」
発音記号	[hoɴ] [paɴ] [aɾʲimaseɴ]
口腔図	開いている！ 接触している！

　上の口腔図の口蓋垂に奥舌が接触していること、口蓋帆が鼻腔への呼気の通路を作っていることを確認してください。

（2）鼻母音化する [Ṽ]

　母音や接近音（半母音）や摩擦音などの、呼気の流れを邪魔せずに調音する音が撥音に後続すると、鼻腔と口腔の両方に呼気が通ります。鼻腔と口腔に同時に呼気が通る音が**鼻母音**です。鼻母音は舌をどこにも付けないで発音します。補助記号の [˜] を用いて鼻母音であることを表します。

　「しんあい（親愛）、けんおん（検温）」のような、母音 [a] [o] [ɯ] の前の撥音「ン」は、口の中のどこにも舌が付きません。「てんいん（店員）、けんえき（検疫）」のような母音 [i] [e] の前の撥音「ン」も同じく舌がどこにも付きません。

　「おんせん（温泉）、あんしん（安心）、とくさんひん（特産品）、はんはん（半々）」のような、摩擦音の前の撥音「ン」も舌はどこにも付きませんし、「こんや（今夜）、さんわ（三羽）」のような接近音（半母音）の前の撥音「ン」も同様です。

　母音 [i] [e] や歯茎硬口蓋音 [ɕ]、硬口蓋音 [ç] [j] の前の撥音を [ĩ] で表し、その他の場合

は [ɯ̃] で表すことが、最近多くなりました。

　以上を踏まえて、一般的に行われている鼻母音の発音記号を整理したものが次の表です。

音素記号	/N/
後続の音	①母音　[ɯ] [o] [a] [i] [e] ②摩擦音　[s] [ɕ] [ɸ] [ç] [h] ③接近音（半母音）[j] [ɥ (w)]
語例	①しんあい（親愛）、けんおん（検温）、てんいん（店員）、けんえき（検疫） ②おんせん（温泉）、あんしん（安心）、とくさんひん（特産品）、はんはん（半々）、インフラ ③こんや（今夜）、さんわ（三羽）
発音記号	① [ɕiɯ̃ai] [keɯ̃oɴ] [teĩiɴ] [keĩekʲi] ② [oɯ̃seɴ] [aĩɕiɴ] [tokɯsaĩɕiɴ] [haɯ̃haɴ] [iɯ̃ɸɯra] ③ [koĩja] [saɯ̃ɥa (saɯ̃wa)]
口腔図	[ɯ̃]　　　　[ĩ]

ワーク

1.「しんあい（親愛）」の撥音と「みなさん。」の撥音の違いを述べてください。

2.　次のことばの発音記号を書いてください。

（1）ごばんかん（五番館）。　　　（2）せんもんてん（専門店）。

【解答と解説】

1.「しんあい」の「ン」は、鼻母音化している [ɯ̃] なので、口の中の舌はどこにも付かないが、「みなさん。」の「ン」は口蓋垂鼻音 [ɴ] なので、奥舌が口蓋垂に接触する。

2.（1）[gobaŋkaɴ]　　（2）[semmonteɴ]

第8章

3. 撥音 /N/ (3)

4. 促音 /Q/ (1)

「はしって（走って）」「かっき（活気）」「がっこう（学校）」「せっけん（石けん）」などに使われている「っ」を促音と言います。

促音「ッ」は、撥音「ン」と同様に、母音と一つになって拍を構成することはしませんし、語頭にも立ちません。後続する音に影響されやすい音です。

発音している間の時間的長さは1拍（＝1モーラ）です。音素記号は /Q/ です。

（1）後続子音が [p] [t] [k] [ts] [tɕ] の促音

「いっぱい」「きって（切手）」「がっく（学区）」「みっつ（三つ）」「こっち」などの促音「ッ」を観察してみると、口の形は、それぞれ [p] [t] [k] [ts] [tɕ] を調音するための口構えになっています。つまり、後続の音と同じ口構えになっているということです。「ッ」を発音している間の1拍は無音です。すなわち、後続子音が破裂音と破擦音の場合、促音は「後続子音の口構えで1拍分無音のまま待機している」ことになります。なお、促音の発音記号は後続の子音と同じ記号を用います。

音素記号	/Q/
後続子音	①破裂音 [p] [t] [k]
	②破擦音 [ts] [tɕ]
語例	①いっぱい、きって（切手）、がっく（学区）
	②みっつ（三つ）、こっち
発音記号	① [ippai] [kʲitte] [gakkɯ]
	② [mʲittsɯ] [kottɕi]

（2）後続子音が [s] [ɕ] [ɸ] [ç] [h] の促音

「あっさり」「いっしょ」「ワッフル」「ハインリッヒ」「マッハ」などの促音「ッ」を観察してみると、口の形は、それぞれ [s] [ɕ] [ɸ] [ç] [h] を調音するための口構えになっています。「ッ」を発音している間の1拍は [s] [ɕ] [ɸ] [ç] [h] の摩擦音が響いています。すなわち、後続子音が摩擦音の場合、促音は「後続子音の口構えで1拍分摩擦を続けている」ことになります。後続の音に同化されていることを示しています。また、この場合の促音の発音記号も後続の子音と同じ記号を用います。

音素記号	/Q/
後続子音	摩擦音 [s] [ɕ] [ɸ] [ç] [h]
語例	あっさり、いっしょ、ワッフル、ハインリッヒ、マッハ
発音記号	[assaɾʲi] [iɕɕo] [ɰaɸɸɯɾɯ (waɸɸɯɾɯ)] [hainɾʲiççi] [mahha]

ワーク ✎

1. AグループとBグループの促音の音の違いを述べてください。

　Aグループ：いってきます（行ってきます）、きっぷ（切符）、サッカー、とっくん（特訓）、
　　　　　　あっち、よっつ（四つ）

　Bグループ：いっしょに、おっしゃいます、ねっしん（熱心）、まっすぐ

2. 次のことばの発音記号を書いてください。

（1）ねっしん（熱心）。　　　（2）かっしゃ（滑車）　　　（3）まっすぐ

（4）ゆっくり　　　（5）よかった　　　（6）ロボット　　　（7）みっちり

【解答と解説】

1. Aグループの促音「ッ」の後続の子音、「て、ぷ、カ、く」は破裂音、「ち、つ」は破擦音。
　　したがってこのグループの促音は、無音で1拍分待機する促音。
　　Bグループの促音「ッ」の後続の子音、「しょ、しゃ、し、す」は摩擦音。したがってこ
　　のグループの促音は、1拍分後続の子音の摩擦を響かせる促音。

2. （1）[neɕɕiɴ]　　（2）[kaɕɕa]　　（3）[massɯɡɯ]/[massɯŋɯ]
　　（4）[jɯkkɯɾʲi]　　（5）[jokatta]　　（6）[ɾobotto]　　（7）[mittɕiɾʲi]

5. 促音 /Q/（2）

（1）声門閉鎖音 [ʔ]

「はいっ」、「あっ」、「こらっ」などの「っ」で表す部分は、声帯が固く閉ざされると [ʔ] が発せられます。「**声門閉鎖音（声門破裂音・グロータルストップ）**」です。冒頭の3語の発音記号は、[haiʔ]、[aʔ]、[koɾaʔ] です。

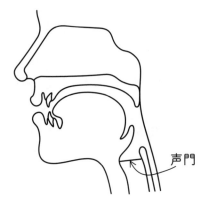

声門

では、声門閉鎖音を発するときの声門の状態を次の「声帯の図」で見てみましょう。声帯は、筋肉、靭帯、粘膜から成り立っています。大まかに以下のように四つの図で発音時の状態を示すことがあります。

①   ②   ③   ④

①は深呼吸をしたとき、②は [k] [s] [t] [h] [ç] [p] などの無声子音を発音するとき、③は囁くとき、④は母音と有声子音 [b] [d] [z] [ɾ] [j] [ɰ] などと声門閉鎖音 [ʔ] を発音するときの図です。したがって、声門閉鎖音 [ʔ] を発声したときの声帯の図は④です。

（2）後続子音 [d] [g] の音変化

日本語の促音「ッ」は、[p] [t] [k] [ts] [tɕ]、[s] [ɕ] [ɸ] [ç] [h] の前に出現することを見てきました。これらの子音の共通項は無声子音です。

では、次のことばをあなたはどのように発音しますか。

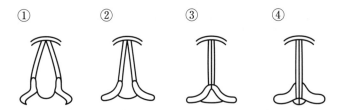

ベッド　　バッグ　　ドッグ

時として「ベット」「ボストンバック」「ホットドック」「ブルドック」などの発音が聞こえてき

ます。表記は「ベッド」などのように濁点を付けるのが正しいのですが、外国のことばの中にある有声子音の [d] [g] が日本語に取り入れられ促音化する場合、無声子音で発音するケースが散見されるのです。

　日本語の促音は基本的に後続音が無声子音であり、有声子音であることは極めてまれです。「すっばらしくいい天気」「負けたのなんのって、ぽっろぼろだ」などという俗っぽい表現を除いては皆無に等しいと言えるでしょう。

　そこで日本語に受容されたことばの原音の有声子音を、無意識のうちに無声子音で発音するというケースが出現するのも無理からぬ現象なのです。

	有声音で発音する例	無声音で発音する例
bed[béd]	ベッド [beddo]	ベット [betto]
bag[bǽg]	バッグ [baggɯ]	バック [bakkɯ]
dog[dɔ́ːg]	ドッグ [doggɯ]	ドック [dokkɯ]

ワーク ✏

【 　】内に示した観点から見て、他と性質の異なるものを一つ選んでください。

（1）【音変化しやすい外来語音】

　　1　コッ<u>プ</u>　　　　2　クレジッ<u>ト</u>　　　　3　ビッ<u>グ</u>バン　　　　4　ホッ<u>ク</u>

（2）【音変化しやすい外来語音】

　　1　ワッ<u>フ</u>ル　　　2　グッ<u>ド</u>　　　3　デュッセルドルフ　　　4　バッ<u>ハ</u>

【解答と解説】

（1）3　ビッグバン

　　四つの選択肢の中では「ビッグバン」の「グ」の子音のみ有声子音 [g] だが、実際には、日本語の促音の基本的な規則に合わせて無声子音 [k] で発音されることがある。

（2）2　グッド

　　四つの選択肢の中では「グッド」の「ド」の子音のみ有声子音 [d] だが、実際には、日本語の促音の基本的な規則に合わせて無声子音 [t] で発音されることがある。

第8章

5.
促音
/Q/
（2）

141

6. 長音 /R/

　長音は「引く音」とも言いますが、前の拍の母音を1拍分伸ばす音です。音素記号は /R/ です。

　例えば、「ば<u>あ</u>ば」とか「おじ<u>い</u>ちゃん」「つ<u>う</u>か（通過）」「ね<u>え</u>ね<u>え</u>」「と<u>お</u>い（遠い）」などの下線部分が長音です。これらの長音の発音記号は、次のように表記します。「ば<u>あ</u>」[ba:]、「じ<u>い</u>」[ʥi:]、「つ<u>う</u>」[tsɯː]、「ね<u>え</u>」[ne:]、「と<u>お</u>」[to:] です。発音記号は三角を向かい合わせた補助記号 [:] を用います。[ba:] [ʥi:] [tsɯː] [ne:] [to:] はいずれも「2拍、1音節」です。日本語の長音は前の拍の母音なしには成立しません。

音素記号	/aR/	/iR/	/uR/	/eR/	/oR/	
発音記号	[a:]	[i:]	[ɯː]	[e:]	[o:]	

	語例と発音記号	
[a:]	かあさん（母さん）[ka:saɴ]、サービス [sa:bʲisɯ]、まあね [ma:ne]	
[i:]	にいさん（兄さん）[ɲi:saɴ]、じいじ [ʥi:zi]、ごひいき [goçi:kʲi]	
[ɯː]	ふうせん（風船）[ɸɯːseɴ]、すうち（数値）[sɯːtɕi]、くう（空）[kɯː]	
[e:]	①表記「え」	ねえさん（姉さん）[ne:saɴ]、ええ [e:]、せえの [se:no]
	②表記「い」	へい（塀）[he:]、とけい（時計）[toke:]、えいが（映画）[e:ga]
[o:]	③表記「お」	こおり（氷）[ko:rʲi]、ほのお（炎）[hono:]、とお（十）[to:]
	④表記「う」	とうさん（父さん）[to:saɴ]、ぼうし（帽子）[bo:çi]

　[e:] と [o:] は母音の表記と発音にずれがある場合がありますから、特に注意が必要です。

　①は、「**現代仮名遣い**」で〈エ列の仮名に「え」を添える〉とされている [e:] ですが、②は、〈エ列の仮名に「い」を添える〉場合の [e:] です。以前は、例えば、「とけい」は [tokei] と発音されていましたが、最近では [toke:] と発音する人が多くなってきました。

　③は、「**歴史的仮名遣い**」では〈オ列の仮名に「ほ」又は「を」が続く「お」〉とされていたグループです。例えば、「氷」は「こほり」と書いたものですが、現在では [kohorʲi] ではなく、[ko:rʲi] と発音するようになり、「こおり」と書くようになりました。現在では、「十」を「とお」と書きますが、「歴史的仮名遣い」では「とを」と表記していました。

　④は「現代仮名遣い」で〈オ列の仮名に「う」を添えて書く〉とするグループですが、例えば「ぼうし」は [boɯçi] ではなく、[bo:çi] と発音します。

　このように、①と②、③と④の表記は異なりますが、同じ発音になるのです。

　なお、「歴史的仮名遣い」は、「**現代かなづかい**」が告示される前まで、日本の社会の一

般的な基準として表記されていたものを指します。1946年（昭和21年）に告示された「現代かなづかい」は、1986年（昭和61年）に廃止され、「現代仮名遣い」が新たに告示されました。「現代かなづかい」は、「現代語をかなで書き表す場合の準則を示したもの」でしたが、「現代仮名遣い」は、「現代の国語を書き表すための仮名遣いのよりどころ」として告示されたものです。「現代仮名遣い」は、2010年（平成22年）に一部改正されました。

ワーク

【　】内に示した観点から見て、他と性質の異なるものを一つ選んでください。

（1）【長音の発音】
　　　1　よ<u>う</u>じ（用事）　　　2　りょ<u>う</u>しん（両親）　　　3　も<u>う</u>すぐ　　　4　く<u>う</u>そう（空想）

（2）【長音の発音】
　　　1　え<u>い</u>が（映画）　　　2　とけ<u>い</u>（時計）　　　3　こうて<u>い</u>（校庭）
　　　4　け<u>い</u>ろ（毛色）　　　5　おんせ<u>い</u>（音声）

【解答と解説】

（1）4　く<u>う</u>そう（空想）
　　4のみ [ɯː] と発音する「う」。1「よ<u>う</u>じ（用事）」、2「りょ<u>う</u>しん（両親）」、3「も<u>う</u>すぐ」は [oː] と発音する「う」。

（2）4　け<u>い</u>ろ（毛色）
　　「け<u>い</u>ろ（毛色）」[keiro] は [ei] が別の音節に分かれる。1「え<u>い</u>が（映画）」、2「とけ<u>い</u>（時計）」、3「こうて<u>い</u>（校庭）」、5「おんせ<u>い</u>（音声）」は [ei] が長音化して [eː] と発音される。

実力診断テスト

1. 【 】内に示した観点から見て、他と性質の異なるものを一つ選んでください。

（1）【完全逆行同化】

    1　あ<u>ん</u>ぴ　　　　2　は<u>ん</u>にち　　　　3　さ<u>ん</u>ま　　　　4　あ<u>ん</u>ない

    5　カ<u>ン</u>ヌ

（2）【無音の促音】

    1　ぱ<u>っ</u>たり　　　　2　が<u>っ</u>かり　　　　3　ア<u>ッ</u>プルパイ

    4　け<u>っ</u>せき　　　　5　カルカ<u>ッ</u>タ

（3）【歯茎鼻音】

    1　け<u>ん</u>てい　　　　2　おやこど<u>ん</u>　　　　3　け<u>ん</u>り　　　　4　あ<u>ん</u>ない

    5　サ<u>ン</u>タクロース

（4）【両唇鼻音】

    1　こ<u>ん</u>ぶだし　　　　2　か<u>ん</u>じテスト　　　　3　さ<u>ん</u>ぽみち　　　　4　ぐ<u>ん</u>まけん

（5）【歯茎硬口蓋鼻音】

    1　こ<u>ん</u>にゃくだま　　　　2　と<u>ん</u>ち　　　　3　さ<u>ん</u>じ　　　　4　さ<u>ん</u>かっけい

（6）【軟口蓋鼻音】

    1　ま<u>ん</u>が　　　　2　さ<u>ん</u>こう　　　　3　か<u>ん</u>にんぶくろ　　　　4　こ<u>ん</u>げつ

（7）【完全逆行同化】

    1　さ<u>ん</u>まりょう　　　　2　あ<u>ん</u>ないばん　　　　3　こ<u>ん</u>にゃくだま

    4　あ<u>ん</u>けん

2. これから、教師が、学習者の発音上、問題がある箇所を言い直します。発音上の問題点として最も適当なものを、一つ選んでください。 27

（1）きのうは　ニュースを　<u>どうが</u>で　みました。

    1　撥音と長音の混同

    2　撥音と促音の混同

    3　調音点と調音法

    4　舌の前後の位置

（2）わたしは　にほんの　<u>でんとう</u>げいじゅつの　ことは　よく　わかりません。

    1　2拍目の特殊拍：撥音と促音の混同

    2　2拍目の特殊拍：撥音と長音の混同

    3　4拍目の特殊拍：撥音と促音の混同

    4　4拍目の特殊拍：撥音と長音の混同

（3）せんしゅう　はやしさんは　かぜを　ひいて　<u>けっきん</u>しました。

    1　2拍目の特殊拍：撥音と促音の混同

    2　2拍目の特殊拍：長音と促音の混同

    3　4拍目の特殊拍：撥音と長音の混同

    4　4拍目の特殊拍：撥音と促音の混同

（4）じけんの　<u>ほうどう</u>に　おどろいて　います。

    1　2拍目の特殊拍：撥音と促音の混同

    2　2拍目の特殊拍：長音と促音の混同

    3　4拍目の特殊拍：撥音と長音の混同

    4　4拍目の特殊拍：撥音と促音の混同

（5）あの　みせには　いろいろな　にくが　<u>たくさん</u>　あります。

    1　　　　　　2　　　　　　3　　　　　　4

実力診断テスト　解答と解説

1. (1) 1　あんぴ

[ampʲi] であるため、この語だけ撥音「ン」が完全逆行同化をしない。2「はんにち」は [haɲɲitɕi]、3「さんま」は [samma]、4「あんない」は [annai]、5「カンヌ」は [kannɯ] となり、「ン」の発音は完全逆行同化している。

(2) 4　けっせき

促音に後続する子音が摩擦音の [s] なので、発音記号は [kessekʲi] である。この場合の促音は無音ではなく、摩擦音が響く。1「ぱったり」[pattaɾʲi]、2「がっかり」[gakkaɾʲi]、3「アップルパイ」[appɯɾɯpai]、5「カルカッタ」[kaɾɯkatta] は、促音に後続する子音がそれぞれ破裂音の [t] [k] [p] で、促音が1拍分無音となる。

(3) 2　おやこどん

「おやこどん」の「ん」には後続の音が何もないので、[ojakodoɴ] となり、この場合の撥音は口蓋垂鼻音である。1「けんてい」は [kentei]、3「けんり」は [kenɾʲi]、4「あんない」は [annai]、5「サンタクロース」は [santakɯro:sɯ] となる。「ン」の後続子音の調音点が歯茎の [t] [ɾʲ] [n] なので、「ン」は歯茎鼻音になる。

(4) 2　かんじテスト

[kaɲʥitesɯto] であるため、「ン」は歯茎硬口蓋鼻音である。1「こんぶだし」は [kombɯdaɕi]、3「さんぽみち」は [sampomʲitɕi]、4「ぐんまけん」は [gɯmmakeɴ] で、後続子音の調音点が両唇の [b] [p] [m] であるため、「ン」は両唇鼻音になる。

(5) 4　さんかっけい

[saŋkakke:] であるため、「ン」は軟口蓋鼻音である。1「こんにゃくだま」は [koɲɲakɯdama]、2「とんち」は [toɲtɕi]、3「さんじ」は [saɲʥi] で、後続子音の調音点が歯茎硬口蓋の [ɲ] [tɕ] [ʥ] であるため、「ン」は歯茎硬口蓋鼻音になる。

(6) 3　かんにんぶくろ

[kaɲɲimbɯkɯro] であるため、「ン」は歯茎硬口蓋鼻音である。1「まんが」は [maŋga] または [maŋŋa]、2「さんこう」は [saŋko:]、4「こんげつ」は [koŋgetsɯ] または [koŋŋetsɯ] で、後続子音の調音点が軟口蓋の [g/ŋ] [k] であるため、「ン」は軟口蓋鼻音になる。

(7) 4　あんけん

[aŋkeɴ] であり、1つ目の「ン」は逆行同化はするが、完全逆行同化ではない。1「さんまりょう」は [sammaɾʲo:]、2「あんないばん」は [annaibaɴ]、3「こんにゃくだま」は [koɲɲakɯdama] となり、「ン」の発音は完全逆行同化している。

2. 27

（1）1　**撥音と長音の混同**

「どうが」の2拍目は長音なのに、「撥音」にしてしまった。

> 学習者：きのうは　ニュースを　ど<u>ん</u>がで　みました。
> 教師　：どうが
> 学習者：きのうは　ニュースを　ど<u>ん</u>がで　みました。

（2）4　**4拍目の特殊拍：撥音と長音の混同**

「でんとう」の4拍目は長音なのに、「撥音」にしてしまった。

> 学習者：わたしは　にほんの　でんと<u>ん</u>げいじゅつの　ことは　よく　わかりません。
> 教師　：でんとう
> 学習者：わたしは　にほんの　でんと<u>ん</u>げいじゅつの　ことは　よく　わかりません。

（3）2　**2拍目の特殊拍：長音と促音の混同**

「けっきん」の2拍目は促音なのに、「長音」にしてしまった。

> 学習者：せんしゅう　はやしさんは　かぜを　ひいて　け<u>ー</u>きんしました。
> 教師　：けっきん
> 学習者：せんしゅう　はやしさんは　かぜを　ひいて　け<u>ー</u>きんしました。

（4）2　**2拍目の特殊拍：長音と促音の混同**

「ほうどう」の2拍目は長音なのに、「促音」にしてしまった。

> 学習者：じけんの　ほ<u>っ</u>どうに　おどろいて　います。
> 教師　：ほうどう
> 学習者：じけんの　ほ<u>っ</u>どうに　おどろいて　います。

（5）4

「たくさん」の3拍目の子音を有声音の [z] と発音したので、声帯の状態は4。

> 学習者：あの　みせには　いろいろな　にくが　たく<u>さ</u>ん　あります。
> 教師　：たくさん
> 学習者：あの　みせには　いろいろな　にくが　たく<u>ざ</u>ん　あります。

コラム

外来語の長音の原語の発音

　外国語が外来語として日本語に受容される場合、その「音」はどのように変化するでしょうか。ここでは長音の場合を考えてみます。

　例えば、セール、イメージ、アニメーション、ケース、スペースという長音を含む五つの外来語を見てみると、この中で、日本語に受容される際のルールが異なるものとして、「イメージ」を取り出せます。「イメージ」という外来語は、元の英語の "image" の発音は [ímɪdʒ] ですが、原音では [ɪ] だった音が、日本語では [eː] と発音されるようになったことばです。その他の四つのことばは、外来語として受容される際、原音の [éɪ] を [eː] で発音されるようになり、定着しました。「セール」の原語 "sale" の発音は [séɪl]、「アニメーション」の原語 "animation" は [æ̀nəméɪʃən]、「ケース」の原語 "case" は [kéɪs]、「スペース」の原語 "space" は [spéɪs] です。このような見方をすることも試験に役立つかもしれません。

第9章

音韻

　　第1章から第8章までは、基本的に音声の発音に視点を据えて共時的な面を観察してきました。一方で、ことばはなぜ現在こうなっているのかと通時的に振り返ることによって立体的に「音」を眺めることもできそうです。

　　本章では、ことばの変遷や、音韻の体系としての方言もさっと見ることにします。

実力診断クイズ

本章を学ぶ前に、
以下の問題に挑戦してみて、
どのくらい解けるか探ってみましょう。
難しいと思われる問題は
この章で解決することを目指しましょう。

/ 4

次の質問に答えてください。（２）は（　）に入れるのに適当なものを選んでください。

（１）上代特殊仮名遣いと最も関係の深い文献はどれか。

    1　万葉集　　　　2　日葡辞書　　　　3　平家物語　　　　4　蜆縮涼鼓集

（２）（　　　　）時代の手習い歌とされる「あめつちのことば」の仮名は 48 文字あったが、
「いろは歌」では 47 文字になった。前者ではア行とヤ行に「エ」の文字が存在するが
後者には一つしかない。

    1　平安　　　　2　鎌倉　　　　3　室町　　　　4　江戸

（３）室町時代末期になると、宣教師たちがキリスト教をもたらし、ラテン語の文法研究など
をベースにした辞書や文法書、当時の日本語の口語で書いた語学学習書などを著すよ
うになった。それらの書物を何と言うか。

    1　国語資料　　　　2　中国資料　　　　3　朝鮮資料　　　　4　キリシタン資料

（４）かつてワ行の音として「ワ・ヰ・ヱ・ヲ」の四つが存在していたが、徐々に「ヰ・ヱ」の
子音が発音されなくなり、現在では「ヲ」の子音を発音する人も減少している。そのこ
とを何と言うか。

    1　直音化　　　　2　四つ仮名の混同　　　　3　唇音退化現象　　　　4　ハ行転呼音

解答と解説

どうだったかなあ?

（1）1　**万葉集**

上代特殊仮名遣いは『万葉集』などに見られる仮名遣いのことで、橋本進吉が名付けた。

（2）1　**平安**

「エ」の音の変遷は、平安時代の手習い歌や、16～17世紀に編纂されたキリシタン資料などから推測することができる。各時代の資料から「エ」の音には変化が見られることに注目する。

（3）4　**キリシタン資料**

キリシタン資料は、ポルトガルの宣教師たちによって書かれたもので、キリスト教布教のために日本語を学習する目的で編纂されたが、現代では、当時の発音を知る貴重な手がかりとなっている。

（4）3　**唇音退化現象**

ワ行の音は、唇音退化現象によって発音される音が少なくなってきた。唇音退化現象はワ行以外の音でも見られるので、確認すること。

1. 上代特殊仮名遣いの8種の母音

　　上代の我々の祖先が使っていた文字を「**万葉仮名**」と言います。万葉仮名は、日本語の発音に当てる文字として、中国語を表記する漢字の中で最も近い発音の文字を転用した文字です。「万葉仮名」という呼称は後世の人が、『万葉集』に多い仮名遣いなので、「万葉仮名」と名付けました。万葉仮名は、例えば [ka] を表す一つの音に、「加」「賀」「迦」「可」「河」「何」「歌」など多数の表記を当てています。

　　これらの仮名遣いの中で、「キ、ヒ、ミ、ケ、ヘ、メ、コ、ソ、ト、ノ、（モ）、ヨ、ロ」の 13 個の清音と「ギ、ビ、ゲ、ベ、ゴ、ゾ、ド」の 7 個の濁音の文字には 2 種類の使い分けがあり、それは発音が異なっていたからだと考えられています。

　　次の表は 2 種類の使い分けのあった文字を筆者が整理したものです（濁音は割愛します）。この使い分けのルールを**橋本進吉**（はしもとしんきち）（1882-1945）は、**甲類**と**乙類**として整理して、**上代特殊仮名遣い**と名付けました。

	甲	乙	甲	乙	甲	乙	甲	乙	甲	乙	甲	乙	甲	乙	甲	乙
ア段																
イ段	キ ki	kï							ヒ fi	fï	ミ mi	mï				
ウ段																
エ段	ケ ke	kë							ヘ fe	fë	メ me	më				
オ段	コ ko	kö	ソ so	sö	ト to	tö	ノ no	nö			（モ） mo	mö	ヨ jo	jö	ロ ro	rö

※「モ」は『古事記』に使い分けがあるが、『万葉集』にはない。
※上の表は馬淵和夫『国語音韻論』（笠間書院）を参考に作成。

　　例を見てみましょう。万葉集には次のような表記があります。〈　〉内は『万葉集』の歌番号です。ふりがなは筆者が読み方として振ったものです。

①吾勢枯波（わがせこは）〈43〉、吾背子我（わがせこが）〈268〉、和賀勢故邇（わがせこに）〈3975〉
②籠毛与美籠母乳（こもよみこもち）（中略）吾許曾居（われこそおれ）　師吉名倍手（しきなべて）　吾己曾座（われこそいませ）〈1〉

　　女性が恋人とか夫を述べる「せこ」ということばの「こ」には「枯、子、故」は使いますが、「許、己」などの文字は使っていないのです。また、助詞の「こそ」の「こ」の表記には、「枯、子、故」を使わず、「許、己」を使っています。「枯、子、故」のグループと「許、己」のグループの文字を混用することはありませんでした。母音の発音の違いがあったのだ

と考えられています。

①甲類の「コ」　枯、子、故、古、孤、籠、子、児　など
②乙類の「コ」　許、己、巨、去、木　など

　この表から、イ段、エ段、オ段の「キ、ヒ、ミ、ケ、ヘ、メ、コ、ソ、ト、ノ、(モ)、ヨ、ロ」の発音に2種類あったことがわかります。現代日本語には継承されていない「イ、エ、オ」の音があり、全部で8種の母音が存在していただろうと推測されていますが、これはあくまで推測です。話者が生存しているわけではありませんから諸説が出現する分野です。
　しかし、この上代特殊仮名遣いは平安時代には崩壊してしまったようです。

ワーク ✏

次の文の（　）に入れるのに適当なことばを一つ選んでください。

（1）上代の「キ、ヒ、ミ、ケ、ヘ、メ、コ、ソ、ト、ノ、(モ)、ヨ、ロ」の発音には（　　　）があった。

　　1　　3種類の使い分け

　　2　　13種類の使い分け

　　3　　8種類の使い分け

　　4　　2種類の使い分け

（2）古代日本語には（　　　）の母音があったと推測されている。

　　1　3種　　　　2　16種　　　　3　8種　　　　4　5種

【解答】
（1）4　　2種類の使い分け
（2）3　　8種

2. 「エ」の音の変化

　かつて、ア行の「エ」を [e]、ヤ行の「エ」を [je]、ワ行の「エ」を [we] と発音していたと推測されています。しかし、これらの3種類の発音が、現代ではア行の「エ」[e] に吸収されています。「エ」の音の変遷を見ましょう。ワ行の「エ」[we] については p.157「3. ワ行の音の変化」で説明します。

	資料
	『万葉集』 「得行而（えゆきて）」〈2091〉　「保里延（ほりえ）」〈4482〉 ア行の「エ」を表わす場合は「得、荏、榎」などを用い、ヤ行の「エ」を表わす場合は「延、兄、枝」などを用いて表記している。
10 世紀	**「あめつちのことば」** ※ 源 順（みなもとのしたごう）の私歌集の手習い歌 あめつち　ほしそら　やまかは　みねたに　くもきり　むろこけ ひといぬ　うへすゑ　ゆわさる　おふせよ　<u>え</u>のえを　なれゐて （仮名：48 文字） **「たゐに」** 『口遊（くちずさみ）』（970 年成立）※ 源 為憲（みなもとのためのり）の学習書 たゐにいて　なつむわれをそ　きみめすと　あさりおひゆく やましろの　うちゑへるこら　もはほせよ　<u>え</u>ふねかけぬ （仮名：47 文字） 　「あめつちのことば」には、「え」の文字が二つ存在するので、ア行の「エ」とヤ行の「エ」に発音の違いがあったであろうことが推測される。 　一方、「たゐに」では「え」の文字が一つなので、ア行とヤ行の「エ」がどちらかに吸収されたと考えられる。 　しかし、以上の二つの資料は、ほぼ同時期に成立しているので、この時期は「エ」を一つしか使わない人、二者を使い分ける人が存在していたのかもしれない。
11 世紀	**「いろは歌」** 『金光明最勝王経音義（こんこうみょうさいしょうおうきょうおんぎ）』（1079 年写） いろはにほへとちりぬるをわかよたれそつねならむうゐのおくやまけふこ<u>え</u>てあさきゆめみしゑひもせす（仮名：47 文字） 　「いろは歌」には、「え」の文字が一つしか現れないので、11 世紀後半にはア行とヤ行の「エ」の音は一つになっていたことが推測できる。

前のページで見たように、11世紀後半には「エ」の音は「ア行」、「ヤ行」の区別が薄れ、一つにまとまっていたと考えられています。

　では、11世紀にまとまったとされる音は、どのような音だったのでしょうか。16世紀末から17世紀初めにポルトガルの宣教師たちによって編纂されたキリシタン資料は、ポルトガル語を表記するローマ字で日本語を書いているので、当時の日本語の発音を推測することができます。この中では「エ」の表記として「Ye」「ye」を用いています（『日葡辞書』(1603-04年長崎刊)の例：coye [koje]（声）、Yebi [jebi]（海老））。「Ye」「ye」の発音は [je] であることから、この時期には「エ」がヤ行の [je] に吸収されていたと考えられています。

ワーク 🖊

次の文の（　）に入れるのに適当なことばを下の□から選んでください。

| 47 | 48 | ア行の [e] | ヤ行の [je] |

　『万葉集』の表記から当時では、ア行の「エ」[e] とヤ行の「エ」[je] に発音の違いがあったことが推測されている。10世紀に執筆された私歌集におさめられた「あめつちのことば」の文字数は（①　　　　　）文字であり、「エ」の音を表す文字が2回出現する。「たゐに」や「いろは歌」の文字数は（②　　　　　）文字であり、「エ」の音を表す文字は一つしか出てこない。つまり、「エ」の発音が二つから一つになったことを表している。

　キリシタン資料では「エ」に当たる文字は、ポルトガル語を表記するローマ字で「Ye」「ye」と表記されているので、16世紀ころの日本人は「エ」を（③　　　　　）で発音していただろうと推測される。

【解答】
① 48　　② 47　　③ヤ行の [je]

キリシタン資料

　ポルトガルの宣教師たちによって、次のような書物が刊行されました。当時の語彙や発音の体系を知る上での言語資料として高く評価されています。

書物名	刊行年	刊行場所
平家物語	1592	天草
伊曾保物語	1593	天草
拉丁文典	1594	天草
拉葡日対訳辞書	1595	天草
日葡辞書	1603-04	長崎
日本（大）文典	1604-08	長崎
日本小文典	1620	マカオ

3．ワ行の音の変化

　かつてワ行の音として「ワ、ヰ、ヱ、ヲ」の四つがあり、これらの子音は、「両唇・軟口蓋接近音（半母音）」の [w] でした。[w] は、上唇と下唇を接近させ、両唇をまるめて調音するのですが、発音のたびに両唇に力が入ります。徐々に両唇の負担を少なくして、結果的に近年では「ヰ」[wi]、「ヱ」[we] の子音は発音されなくなり、「ヲ」[wo] に至っても「オ」[o] と発音することが増えました。このように唇音が発音されなくなる現象を**唇音退化現象**と言います。

「ワ」[wa]　＝　「ワ」[wa]
「ヰ」[wi]　⇒　「イ」[i]
⊠
「ヱ」[we]　⇒　「ヱ」[e]
「ヲ」[wo]　⇒　「オ」[o] ／「ヲ」[wo]

※ワ行の「ウ」の段はもともと音がなかった。

参考

古代日本語	『万葉集』の万葉仮名の例
ア行の「イ」	伊麻須吾妹乎〈471〉伊蘇可気乃〈4513〉
ワ行の「ヰ」	二人双居〈466〉居明而〈89〉
ア行の「エ」	得行而〈2091〉
ワ行の「ヱ」	宇恵太気能〈3474〉
ア行の「オ」	於久母〈3403〉於吉尓須毛〈3527〉
ワ行の「ヲ」	伊麻須吾妹乎〈471〉心乎之〈3851〉

ワーク ✏

次の記述の中で不適当なものを一つ選んでください。

1　古代日本語のワ行に現代日本語の「ウ」に当たる音はなかった。

2　古代日本語ではア行の「オ」とワ行の「ヲ」の発音の区別はなかった。

3　古代日本語ではア行の「エ」とヤ行の「エ」の発音の区別があった。

【解答と解説】 2
ア行の「オ」とワ行の「ヲ」の発音の区別はあった。

4．ハ行の音の変化

　奈良時代以前の日本語には、現代で使っている「ハ、ヒ、フ、ヘ、ホ」の音はなかったと推測されています。現在の「ハ、ヒ、フ、ヘ、ホ」に当たる表記としては『万葉集』から「波、比、布、辺、保」を、「バ、ビ、ブ、ベ、ボ」に当たる表記としては「婆、鼻、部、弁、煩」を取り出すことができます。しかしハ行の子音は [p] の音だったと推測されています。

　なぜなら、濁音バ行の子音 [b] は有声破裂音、半濁音パ行の子音 [p] は無声破裂音で調音法が同じですが、清音ハ行の子音の [h] [ç] [ɸ] は無声摩擦音で、調音法が異なっているからです。例えば濁音のガ行の子音 [g] は有声破裂音であるのに対し、清音のカ行の子音の [k] は、無声破裂音です。これらの子音は調音法が同じなので、音声的に対応していると考えられます。つまり、調音法が同じであるバ行の子音 [b] とパ行の子音 [p] が音声的に対応していて、ハ行の子音の [h] [ç] [ɸ] は奈良時代以前にはなかった音であると推測されているのです。これは、上田万年（1867-1937）の論文「P 音考」で述べられています。

　ハ行の子音は [p] → [ɸ] → [h] という変化をしたと考えられています。ではどのように音が変化してきたのでしょうか。奈良時代以前に使われていた [p] の音がその後、無声両唇摩擦音に変化し、[ɸ] が登場します。「母」の子音は、両唇を接触させて [papa] と発音していたらしいのですが、唇を接触させない [ɸaɸa] になったと考えられています。

　時を経て、江戸時代には語頭の [ɸ] の子音は、現在のハ行と同じ [h] [ç] [ɸ] の方向へ落ち着き始めたようです。両唇破裂音の [p] は、調音にエネルギーが必要ですから、比較的楽な摩擦音で発音するようになったのだという説があります。要するに**唇音退化現象**がここにも見られます。[p] はその後も、オノマトペなどに残りました。

　一方、語頭以外の [p] は [ɸ] からさらに [w] に変化しました。形容詞の「うるはし（麗し）」ということばの発音が「うるわし」になり、名詞の「いは（岩）」が「いわ」、動詞の「買はず」が「買わず」、助詞の「は」が「わ」に転じて現代に至っています。このように語頭以外のハ行の発音をワ行の音で発音するようになった音を**ハ行転呼音**と呼びます。現在の伝統芸能でも「母は」が [ɸawawa] と発音されることがあり、このような変遷の軌跡を感じられます。

ハ行の変遷には諸説ありますが、おおまかに整理してみましょう。

奈良時代以前	[pa] [pʲi] [pu] [pe] [po]
	[ɸa] [ɸi] [ɸu] [ɸe] [ɸo]
	【語頭】[ɸa] [ɸi] [ɸu] [ɸe] [ɸo]
	【語頭以外】[wa] [wi] [we] [wo]
	【語頭】[ha] [çi] [ɸu] [he] [ho]
江戸時代	【語頭以外】[wa] [wi] [we] [wo]

ワーク ✏

奈良時代以前の日本語の「ハ行音」に関する記述として、適当なものを一つ選んでください。

1 「母の花」は、[papanohana] という発音であった。

2 「母の花」は、[hahanohana] という発音であった。

3 「母の花」は、[hahanopana] という発音であった。

4 「母の花」は、[papanopana] という発音であった。

【解答と解説】

4 [papanopana]

上田万年の「P音考」などを参考にすると、奈良時代以前の日本語の「母」の発音は [papa]、「花」の発音は [pana] と推測できるので、[papanopana] が正解。

5．四つ仮名の混同

みなさんは、以下のことばをどのように発音しますか。声に出して読んでみてください。

蜆（しじみ）　縮み（ちぢみ）　涼み（すずみ）　鼓（つづみ）

　現代では、「蜆」の「じ」と「縮み」の「ぢ」の発音は、同じ子音 [ʑ] を用いて発音し、「涼み」の「ず」と「鼓」の「づ」を同じ子音 [z] を用いて発音します。表記は「じ／ぢ」「ず／づ」と違いますが、発音は同じです。

　しかし、奈良時代以前は、「じ」の子音は [z]、「ぢ」の子音は [d]、「ず」の子音は [z]、「づ」の子音は [d] と、別の音だったと考えられています。

　一方、言語資料として評価の高いキリシタン資料『日葡辞書』では、「じ、ぢ、ず、づ」を含むことばを次のように表記しています。

不時（ふじ）を Fuji　　　　　地震（ぢしん）を Gixin
涼み（すずみ）を Suzumi　　　屑（くづ）を Cuzzu

　これらの表記からそれぞれの子音は、「じ」[ʑ]、「ぢ」[ʥ]、「ず」[z]、「づ」[ʣ] であり、16 世紀から 17 世紀頃には発音が変化していたことを推測できます。

　1695 年に、『蜆縮涼鼓集』が出版されています。書物名の漢字の「蜆」は「しじみ」、「縮」は「ちぢみ」、「涼」は「すずみ」、「鼓」は「つづみ」と読みます。すなわち、「じ、ぢ、ず、づ」の表記が乱れ始めたことに警鐘を鳴らした書物です。

　「ぢ」と「づ」の子音が、それぞれ破裂音の [d] から破擦音の [ʥ] [ʣ] へ、さらに摩擦音の [ʑ] [z] へと変化しました。「ぢ」の発音が「じ」と同じに、「づ」の発音が「ず」と同じに、それぞれ変化したことで、本来「ぢ」「づ」と書いた文字を次第に音どおりに「じ」「ず」と表記してしまう誤用が目立ち始めました。これらは、**四つ仮名の混同**と呼ばれています。以下に整理しておきます。

	じ	ぢ	ず	づ
奈良時代以前	[z]	[d]	[z]	[d]
16 世紀〜17 世紀	[ʑ]	[ʥ]	[z]	[ʣ]
近現代	[ʑ]		[z]	

ワーク ✏️

次の質問に答えてください。

（1）現代では内閣告示の「現代仮名遣い」で、〈同音の連呼によって生じた「ぢ」「づ」〉は、「ぢ」「づ」を用いて書くとするよりどころを明記しています。「ちぢみ（縮）」「つづみ（鼓）」が例として示されていますが、このことの歴史的背景に関わりのあるものとして、適当なものを一つ選んでください。

　　1　Ｐ音考　　　2　四つ仮名の混同　　　3　唇音退化現象

　　4　上代特殊仮名遣い

（2）次の仮名表記の中から、誤りのある表記を一つ選んでください。

　　1　きのうは　すずしかったです。

　　2　のどが　かわいたので、みずを　のみました。

　　3　えきまえに　じてんしゃおきばが　ありました。

　　4　セーターが　ちじんで　しまいました。

【解答と解説】

（1）2　四つ仮名の混同

　　『蜆縮涼鼓集』で「四つ仮名の混同」を指摘した。

　　1「Ｐ音考」は、上田万年のハ行音の変化についての論考。

　　3「唇音退化現象」は、ことにワ行音の子音 [w] が発音されなくなって [wi] [we] などの音がア行に吸収された現象。

　　4「上代特殊仮名遣い」は、橋本進吉が上代には発音の異なる甲類、乙類の文字の使い分けがあったことを論じたもの。

（2）4　ちじんで

　　正しくは「ちぢんで」。1「すずしい」、2「みず」、3「じてんしゃ」の「じ、ず」の表記には誤用がない。

6．開拗音・合拗音

現代では、「カ、グ、サ、デ、ナ」などを直音、「キャ、キュ、シュ、ジョ」などを拗音と言います。

拗音は、奈良時代以前の日本語にはなかった音ですが、漢籍に書かれている漢字の音を受容することによって、徐々に日本語の中に定着してきた音です。この拗音を表す表記は、『万葉集』で使われている表記（現代では万葉仮名と呼ぶ）の中に見つけることができませんから、奈良時代以前には存在しなかったと言えるでしょう。

平安時代の後期以降と推測されますが、拗音として**開拗音**と**合拗音**が存在しました。開拗音は、「キャ」[kʲa]、「キュ」[kʲu]、「シュ」[ɕu]、「ジョ」[ʑo] などで、現代語にも継承されています。

合拗音は、[kwa] [gwa] など、子音に唇音 [w] と母音が加わった音で、「菓 [kwa]（ク゚）」「会 [kwai]（ク゚イ）」「元 [gwan]（グ゚ン）」などがありました。現代では方言に散見されますが、共通語では、直音化して、「菓 [ka]（カ）」「会 [kai]（カイ）」「元 [gan]（ガン）」などの音になりました。

なお、明治時代に編纂された国語辞典に「蹴鞠」を「くゑまり」と表記した例を見ることができますから、合拗音の [kwe]（クェ）も存在していたと推定できますが、音は早い時期に変化したようです。

ワーク ✏

次の記述の中で不適当なものを一つ選んでください。

1　「西瓜」を国語辞書で引くと「―ク゚」と書き添えてある。このことから「瓜」の [ka] は、[kwa] という合拗音であったことがわかる。

2　『万葉集』で表記されている漢字を「万葉仮名」と言う。「万葉仮名」の中には拗音を書き表す表記がないので、奈良時代以前の日本語は直音だけであったと推測される。

3　「画家」を国語辞書で引くと「グ゚―」と書き添えてある。このことから「画」の [ga] は、かつて、合拗音であったものが直音化したと考えてよい。

4　中国語の漢字音の影響を受けて平安時代前期から、日本語の中に、拗音として開拗音と合拗音が存在した。

【解答と解説】　4
平安時代前期ではなく平安時代の後期と推測されている。

7. 特殊拍

　語頭に立たない、発音している間の時間的長さは1拍分、母音とともに拍を構成することはない、という特徴を持っている仮名が時の変化につれて日本語の中に生まれてきました。特殊拍（撥音、促音、長音）です。どのように発生したのかを見ておきましょう。

（1）撥音

　もともと、和語には存在していなかった撥音「ン」は、発音上の便利さを求めた音便化によって発生しました。

ム音便	読みたる→読むだる [jomdaɾu]、積みたる→積むだる [tsumdaɾu] 「み」の母音 [i] が脱落して子音 [m] が残った。 ※この撥音便を表す表記がなかったため「む」で表記した。
ン音便	死にて→死んで 「に」の母音 [i] が脱落して子音 [n] が残った。 あるなり→あんなり 「る」[ru] が「ん」[n] へと音韻交替を起こした。

　『日葡辞書』には「n」という表記がありますから、16世紀後半には撥音「ン」は、音として一般的に使われていたことを示しています。例えば、「門弟」の見出し語を「Montei」、「天狗」の見出し語を「Tengu」と表記しています。

（2）促音

　促音「ッ」も撥音同様、和語にはありませんでしたが、「のりたまう→のったまう」、「持ちて→持って」などのように「り、ち」の音便化により生まれた音です。「がくかい（学会）→がっかい」、「さくか（作家）→さっか」のように「く→っ」も定着しています。

（3）長音

　8世紀後半から「蚊」を「加安」と表記し「杮」を「比伊」と表記した例を見ることができますから、[aː] [iː] の長音は比較的早くから存在していたようです。

　かつて、[au] は**開音**（口の開きが大きい [ɔː]）、[eu] [ou] は**合音**（口の開きが小さい [oː]）で発音されましたが、現代ではどちらも [oː] の長音で発音されるようになりました。『日葡辞書』には、「申す」の表記は「Mŏsu」、「仏教」は「Bucqeô」、「罪業」は「Zaigô」と載っています。「ŏ」は開音、「ô」は合音であったと考えられていますから、当時は開合の区別があり、別の発音だったと推測できます。しかし、現代ではすべて [oː] の長音で発音されています。

『日葡辞書』には「Tçǔji」（通事）という語が載っています。これは [tsuːʑi] と発音されると推測できますから 16 世紀後半には [uː] が存在していたと考えられます。

　[eː] としては、江戸時代の口語に「おそい→おせえ [oseː]」がありますから、[aː] [iː] [uː] [eː] [oː] の長音が揃いました。

　こうして、長音は、長い時間をかけて、日本語の中に定着しました。

ワーク

次の記述の中で不適当なものを一つ選んでください。

1　撥音、促音、長音を特殊拍と言い、固有の日本語にも存在していた。

2　撥音、促音、長音を特殊拍と言い、母音と拍を構成することはない。

3　「学会」を「がくかい」ではなく「がっかい」、「作家」を「さくか」ではなく「さっか」と促音化した発音が一般化した。

4　「死にて」を「死んで」、「あるなり」を「あんなり」と表記したのは、「ン音便」が起きたことを表している。

> 【解答と解説】　1
> 特殊拍は、和語には存在していなかったが、外来のことばの受容や、日本語の発達の過程で発生したモーラである。

8. 方言

　近現代の日本の方言の研究の草分けは柳田國男（1875-1962）です。柳田は「文化の中心地で新たな語形が誕生すると、それまで使っていた語形はその周辺へ行き、外縁では古形になる」という「**方言周圏論**」を発表しました。「かたつむり」を例に、京都を中心にしてどのように呼ぶのかを調べると、「デデムシ（近畿）→マイマイ（中部・中国）→カタツムリ（関東・四国）→ツブリ（東北・九州）→ナメクジ（東北北部・九州西部）」と、同心円状に分布する、と著書『蝸牛考』の中で述べています。

　また、**東条操**（1884-1966）は、「**方言区画論**」として、地域方言を大きく**本土方言**と**琉球方言**の二つに分けました。さらに本土方言は**東部方言**、**西部方言**、**九州方言**に、琉球方言は**奄美方言**、**沖縄方言**、**先島方言**に分けられています。

　例えば、述語の否定形として東部方言は「ない」を用いて「行か<u>ない</u>」と言います。西部方言と九州方言は「行か<u>ぬ／ん</u>」を使います。さらに形容詞の「美しい」を、東部方言と西部方言では「美し<u>い</u>」と言いますが、九州地方は「うつくし<u>か</u>」と「**カ語尾**」を用います。東部方言、西部方言、九州方言はさらにその特徴によって次の表内のように細分化されています。

　琉球方言の音韻については（1）と（2）で述べます。

本土方言	東部方言	北海道方言　東北方言　関東方言　東海東山方言　八丈島方言
	西部方言	北陸方言　近畿方言　中国方言　雲伯方言　四国方言
	九州方言	豊日方言　肥筑方言　薩隅方言
琉球方言	奄美方言	
	沖縄方言	
	先島方言	

（1）方言の中の母音

日本語の母音は、共通語では「ア、イ、ウ、エ、オ」の5母音ですが、方言の中には違いが見られます。特徴的なものを観察しておきましょう。

東北方言	東北地方では中舌母音の [ï] と [ü] が存在する地方が多い。「シ」と「ス」の区別がなく、「寿司」「煤」「獅子」が [süsü] に聞こえたり、[çïçï] に聞こえたりする地方もある。
関東方言	[i] と [ɯ] の母音の無声化が起きる。[kʲiso]（木曽）の [i]、[kɯsa]（草）の [ɯ]、[masɯ]（「〜ます。」）の末尾の [ɯ] などが無声化することが多い。
東海東山方言	愛知県には共通語の5母音の他に [æ] などがある。 例：「前」[mæ:]、「苗」[næ:]
近畿方言	1拍語の母音を長呼する。 例：「目」[me:]、「歯」[ha:]。それぞれ2拍になる。
沖縄方言	那覇地方は [a] [i] [u] の3母音。共通語の [e] を [i] で、[o] を [u] で発音する。 ※母音の「ウ」は、西日本では共通語よりも円唇化して発音されることが多いため、ここでは [u] で表記する。 例：「見て」[miti]、「心」[kukuɾu]、「声」[kui]

（2）方言の中の子音

方言の中の子音の特徴をいくつか取り出して見ておきましょう。

東北方言	濁音の前に鼻音が入ることが多い。 例：「窓」[mando]、「首」[kɯ̃mbi]
肥筑方言	ラ行とダ行の混同が起こる。 例：「蓮根」[deŋkon]、「角」（かど）[kaɾo]
薩隅方言	語末が子音で終わる（閉音節）。 例：「柿」（カッ）[kaʔ]、「帯」（おび）（オッ）[oʔ]
先島方言	ハ行がパ行になる。 例：「箱」の「は」が [pa]、「葉」[pa:]、「火」[pi:]。

（3）方言のアクセント

　諸方言のアクセントを整理すると**東京式アクセント**、**京阪式アクセント**、**一型アクセント**の三つに分けられます。

　一型アクセントは尾高一型（例：都城方言）と無アクセント／平板型（例：福島方言）と分けることもあります。アクセントの型が一つしかないことから、「一型アクセント」と呼んでいます。

東京式 アクセント	拍数によって「n+1」種類のアクセントの型を持ち、アクセントが語の区別をする。1拍目と2拍目の高さが異なる。 飴（あめが）　花（はなが）　箸（はしが）　秋（あきが）
京阪式 アクセント	アクセントが語の区別をする。1拍目と2拍目が同じ高さのこともある。 飴（あめが）　花（はなが）　箸（はしが）　秋（あきが）
一型 アクセント	尾高一型とも言う。アクセントが語の意味を区別しない。　例：都城方言 飴（あめ）　雨（あめ）　箸（はし）　橋（はし）　朝日（あさひ）
	無アクセントとも平板型とも言う。アクセントが語の意味を区別しない。 例：福島方言 飴（あめ）　雨（あめ）　箸（はし）　橋（はし）　朝日（あさひ）

ワーク 🖊

次の記述の中で適当なものを一つ選んでください。

1　京阪式アクセントではアクセントが語の区別をする。1拍目が低ければ2拍目は高い。

2　東京式アクセントは、1拍目と2拍目のアクセントの高さは異なる。例えば「花が」は「はなが」であり、「鼻が」は「はなが」である。

3　一型アクセントの都城方言では、「雨」と「飴」のアクセントは、全く同じで、1拍目が低く2拍目が高い。

【解答と解説】　3

1の京阪式アクセントはアクセントが語の区別をするが、1拍目と2拍目が同じ高さのこともある。

2の東京式アクセントでは、「花が」のアクセントは「はなが」である。

実力診断テスト

1. 次の文章を読み、下の問いに答えてください。

　柳田國男が、「文化の中心地で新たな語形が誕生するとそれまで使っていた語形はその周辺へ、周辺へと押しやられる」という説をA『蝸牛考』で述べた。言語の現象がすべてそうであるとは限らないが、共通語では消滅した音韻が、方言の中に残存していることがある。また、若年層にはほとんど見られなくなっても高年齢の層に見られる場合がある。

　例えば、琉球方言の話し手から「箱」を「パク」と発音するBハ行子音の [p] が聞かれたり、東北方言、北陸方言、雲伯方言などの話し手がC「菓子」の「カ」を「クヮ」、「元旦」の「ガ」を「グヮ」と発音するのが聞かれたりする。また、九州方言の話し手が、「セ、ゼ」を「シェ、ジェ」で発音することが散見される。

　また、高知方言の話し手が「ジ」と「ヂ」、「ズ」と「ヅ」の発音を区別する場合がある。これは「四つ仮名弁」と呼ばれ、共通語では消滅してしまったD四つ仮名の発音の区別が残っている例と考えられている。

（1）文章中の下線部A『蝸牛考』で柳田國男が述べた説を何と言いますか。最も適当なものを、一つ選んでください。

　　1　南北対立型論　　　　2　交互分布型論
　　3　東西対立型論　　　　4　方言周圏論

（2）文章中の下線部Bについて、上田万年の論文「P音考」の考え方はどれですか。最も適当なものを、一つ選んでください。

　　1　[p] → [b] → [h]　　　　2　[p] → [h] → [p]
　　3　[p] → [ɸ] → [h]　　　　4　[p] → [ɰ] → [h]

（3）文章中の下線部Cについて、「クヮ」「グヮ」を何と言いますか。最も適当なものを、一つ選んでください。

　　1　開拗音　　　2　開音　　　3　合音　　　4　合拗音

（4）文章中の下線部D「四つ仮名」について、関係ある文献として、最も適当なものを、一つ選んでください。

　　1　蜆縮涼鼓集　　　2　日本（大）文典
　　3　色葉字類抄　　　4　物類称呼

２．次の文章を読み、下の問いに答えてください。

　日本語は、古く中国語から、16 世紀ころからポルトガル語やオランダ語などから、また近現代は英語圏を始めとして諸言語から影響を受け、ことばや概念を広げてきた。

　文字のなかった古代日本の社会に、中国の漢籍がもたらされたとき、それまでの口承の社会から、文字で記述する社会へと変化し始め、中国語の漢文を用いて記録を残す一方、漢字の音を借りて日本語を書くことを工夫した。_Aその文字の用い方が『万葉集』には残されている。

　現代日本語では、「キ、ケ、コ、ソ、ト、ノ、ヒ、ヘ、ミ、メ、（モ）、ヨ、ロ」はそれぞれ１種類の発音しかないが、古代日本語では、これらの文字の「イ、エ、オ」の３母音には、現代には継承されていない母音も存在していたと類推されるので、合計８種類の母音が存在していたことになる。例えば、現代語には一つしかない「コ」を、古代日本語では、_Bko 系と kö 系の文字で使い分けをしていたのだが、これは、ko と kö の発音が異なっていたからである。

　これらの使い分けが平安時代に入るとほとんどが消滅した一方で、古代日本語のヤ行の「エ」とア行の「エ」の使い分けは、10 世紀中頃まで継承された。その根拠は手習い歌の「あめつちのことば」に見ることができる。「あめつちのことば」は 48 文字から構成されている。ところが、48 文字あった仮名が、最古の「いろは歌」とされている 11 世紀の『金光明最勝王経音義』では（　　　）文字に減少し、このころア行の「エ」とヤ行の「エ」はどちらかに吸収されたと考えられる。

　江戸時代になると、「ヂ」と「ジ」、「ヅ」と「ズ」の発音の区別も失われ始めた。現代では、_C内閣告示「現代仮名遣い」において「ぢ、じ、づ、ず」を含む特定の語については表記の慣習を尊重して書くとして語例が示されている。

（１）文章中の下線部 A「その文字の用い方が『万葉集』には残されている」というこの文字を、現在何と呼びますか。最も適当なものを、一つ選んでください。

　　1　平仮名
　　2　万葉仮名
　　3　片仮名
　　4　草仮名

（2）文章中の下線部Bについて、関係ある文献として、最も適当なものを、一つ選んでください。

1　上田万年「P音考」
2　谷川士清『仮名遣奥山路』
3　橋本進吉「上代特殊仮名遣い」
4　本居春庭『古事記伝』

（3）文章中の（　　　　）に当てはまる仮名の文字数として、最も適当なものを、一つ選んでください。

1　47
2　46
3　26
4　23

（4）文章中の下線部Cについて、学習者が課題の作文の中で次のような文字を用いました。不適当なものを、一つ選んでください。

1　ケンの作文：「AB社には、<u>そこぢから</u>があると書いてありました。」
2　イーの作文：「月は、細くて美しい<u>みかづき</u>でした。」
3　カレンの作文：「国の母から<u>こづつみ</u>が届きました。」
4　ホーの作文：「週末、引っ越しの荷物が<u>かたずき</u>ました。」

1.

（1）4　方言周圏論

1〜3は方言分布のタイプについての用語で、「南北対立型」「交互分布型」「東西対立型」という形で使われる。

（2）3　[p] → [ɸ] → [h]

（3）4　合拗音

[kwa] [gwa] など、子音に唇音 [w] と母音が加わった音を「合拗音」と言う。現代では一部方言以外では衰退した。1「開拗音」は、子音と母音の間に半母音 [j] が入る音節で、「キャ、キュ、キョ」のように現代にも残る音のこと。2「開音」は、口を大きく開いて発音する [ɔ:] の音、3「合音」は発音時の口の開きの小さい [o:] の音を言う。

（4）1　蜆縮涼鼓集

2『日本（大）文典』はロドリゲス（1561-1634）が長崎で刊行した書物。ロドリゲスはマカオでは『日本小文典』を刊行した。
3『色葉字類抄』は、平安時代の辞書。
4『物類称呼』は、越谷吾山が編集した方言辞書。1775 年刊。

2.

（1）2　万葉仮名

伝来した漢字のもともとの意味とは関係なく、日本語を書き表すために表音的に用いた漢字を「万葉仮名」と言う。漢字の書体の一つである篆書の点や画を簡単にした書体を隷書と言い、この隷書の点や画を連続させて書く書体を草書体（草書）と言う。草書体で書かれた万葉仮名が「草仮名」であり、これがもとになった仮名が「平仮名」。

（2）3　橋本進吉「上代特殊仮名遣い」

1「上田万年『P 音考』」は、組み合わせは正しいが、下線部とは関係のない文献。
2と4は、下線部に関係のない文献というだけではなく、著者と文献の組み合わせも正しくない選択肢。2『仮名遣奥山路』は、石塚龍麿の著作。谷川士清は『和訓栞』という国語辞書を著した国学者。4『古事記伝』は本居春庭ではなく本居宣長の著作で、本居春庭は『詞八衢』などの語学書を著した。

（3）1　47

「あめつちのことば」では「え」の文字が二つ出てくるのに対し、『金光明最勝王経音義』の「いろは歌」では「え」は一つしか出てこない。

（4）**4**

　正しくは、「かたづきました」。1〜4のことばはすべて「現代仮名遣い」で「二語の連合によって生じた『ぢ』『づ』」として紹介されている。1「そこ」＋「ちから」＝「そこぢから」、2「みか」＋「つき」＝「みかづき」、「こ」＋「つつみ」＝「こづつみ」、「かた」＋「つく」＝「かたづく」。「じ」と「ぢ」、「ず」と「づ」は実際に発音される音は同じでも、特定の語については表記の慣習を尊重するとされている。

できたかな？

国際音声記号（改訂 2020）

子音（肺気流）

CC BY-SA 2020 IPA

	両唇音		唇歯音		歯音		歯茎音		後部歯茎音		そり舌音		硬口蓋音		軟口蓋音		口蓋垂音		咽頭音		声門音	
破裂音	p	b					t	d			ʈ	ɖ	c	ɟ	k	g	q	ɢ				ʔ
鼻音		m		ɱ				n				ɳ		ɲ		ŋ		N				
ふるえ音		ʙ						r										R				
たたき音又は弾き音				ⱱ				ɾ				ɽ										
摩擦音	ɸ	β	f	v	θ	ð	s	z	ʃ	ʒ	ʂ	ʐ	ç	ʝ	x	ɣ	χ	ʁ	ħ	ʕ	h	ɦ
側面摩擦音							ɬ	ɮ														
接近音				ʋ				ɹ				ɻ		j		ɰ						
側面接近音								l				ɭ		ʎ		ʟ						

枠内で記号が対になっている場合、右側の記号が有声音を、左側の記号が無声音を表す。網掛け部分は、不可能と判断された調音を表す。

子音（非肺気流）

吸着音	有声入破音	放出音
ʘ 両唇音	ɓ 両唇音	' 例:
ǀ 歯音	ɗ 歯音／歯茎音	p' 両唇音
ǃ （後部）歯茎音	ʄ 硬口蓋音	t' 歯音／歯茎音
ǂ 硬口蓋歯茎音	ɠ 軟口蓋音	k' 軟口蓋音
ǁ 歯茎側面音	ʛ 口蓋垂音	s' 歯茎摩擦音

その他の記号

ʍ 無声両唇軟口蓋摩擦音 　ɕ ʑ 歯茎硬口蓋摩擦音

w 有声両唇軟口蓋接近音 　ɺ 有声歯茎側面弾き音

ɥ 有声両唇硬口蓋接近音 　ɧ ʃ と x の同時調音

ʜ 無声喉頭蓋摩擦音

ʢ 有声喉頭蓋摩擦音　　破擦音と二重調音は、必要な場合連結記号でつないだ2つ ʦ k͡p

ʡ 喉頭蓋破裂音　　の記号で表すことができる。

母音

記号が対になっている場合、右側の記号が円唇母音を表す。

補助記号

̥ 無声	n̥	d̥	̤ 息漏れ声	b̤	a̤	̪ 歯音	t̪	d̪	
̬ 有声	s̬	t̬	̰ きしみ声	b̰	a̰	̺ 舌尖音	t̺	d̺	
ʰ 有気音	tʰ	dʰ	̼ 舌唇音	t̼	d̼	̻ 舌端音	t̻	d̻	
̹ 強い円唇化	ɔ̹		ʷ 唇音化	tʷ	dʷ	̃ 鼻音化	ẽ		
̜ 弱い円唇化	ɔ̜		ʲ 硬口蓋音化	tʲ	dʲ	ⁿ 鼻音開放	dⁿ		
̟ 前進	u̟		ˠ 軟口蓋音化	tˠ	dˠ	ˡ 側面開放	dˡ		
̠ 後退	e̠		ˤ 咽頭音化	tˤ	dˤ	̚ 無音開放	d̚		
̈ 中舌化	ë		̃ 軟口蓋音化または咽頭音化	ɫ					
̽ 中央化	ě		̝ 上寄り	e̝	（ɹ̝ = 有声歯茎摩擦音）				
̩ 音節主音	n̩		̞ 下寄り	e̞	（β̞ = 有声両唇接近音）				
̯ 非音節主音	e̯		̘ 舌根前進	e̘					
˞ R音性	ɚ a˞		̙ 舌根後退	e̙					

基線の下まで伸びる記号の場合は、補助記号を上に付けてもよい。例 ŋ̊

超分節的要素

ˈ 主強勢
ˌ 副次強勢 　foʊnəˈtɪʃən

ː 長　　e:
ˑ 半長　e·
˘ 超短　ĕ

| 小さい（脚）境界
‖ 大きい（イントネーション）境界
. 音節境界　　ɹi.ækt
‿ 連結（無境界）

声調と語アクセント

	平板		曲線	
é または ˥	超高	ě または ˩˥	上昇
é	˦ 高	ê	˥˩ 下降
ē	˧ 中	é	˧˥ 高上昇
è	˨ 低	è	˩˧ 低上昇
è	˩ 超低	e᷈	˧˩˧ 上昇下降
ꜜ ダウンステップ		↗ 全体的上昇	
ꜛ アップステップ		↘ 全体的下降	

資料

173

I.P.A と口腔断面図

		両唇音	唇歯音	歯音	歯茎音
鼻音		[m]			[n]
口音	破裂音 破擦音	[p] [b]			[t] [d] [ts] [ʥ]
	摩擦音	[ɸ] [β]※	[f]※ [v]※	[θ]※ [ð]※	[s] [z]
	弾き音				[ɾ]
	接近音				[ɹ]※
	側面接近音				[l]※

※日本語にはない音

174

歯茎硬口蓋音	硬口蓋音	軟口蓋音	口蓋垂音	声門音
[ɲ]		[ŋ]	[ɴ]	
[tɕ] [dʑ]		[k] [g]		
[ɕ] [ʑ]	[ç]			[h]
	[j]	[ɰ]		

参考文献

アークアカデミー（編）遠藤由美子・池田悠子・奥澤美佐（2008）『日本語教育能力検定試験　聴解・音声特訓プログラム』三修社

赤木浩文・古市由美子・内田紀子（2010）『毎日練習！　リズムで身につく日本語の発音』スリーエーネットワーク

池田悠子（2014）『やさしい日本語指導5　音韻・音声〈改訂版〉』凡人社

泉均（2021）『図表でスッキリわかる　日本語教育能力検定試験　合格キーワード1400』晶文社

NHK放送文化研究所（編）（2016）『NHK日本語発音アクセント新辞典』NHK出版

大友信一・木村晟（編）（1979）『駒澤大学　国語研究　資料第一　蜆縮涼鼓集』汲古書院

川越いつえ（1999）『英語の音声を科学する』大修館書店

河野俊之・串田真知子・築地伸美・松崎寛（2004）『1日10分の発音練習』くろしお出版

木下直子・中川千恵子（2019）『ひとりでも学べる日本語の発音　OJADで調べてPraatで確かめよう』ひつじ書房

クロード. ロベルジュ・木村匡康（編著）（1990）『日本語の発音指導　VT法の理論と実際』凡人社

小泉保（1996）『音声学入門』大学書林

国際交流基金（2009）『国際交流基金　日本語教授法シリーズ　第2巻「音声を教える」』ひつじ書房

小島憲之・木下正俊・佐竹昭広（校注・訳）（1971）『日本古典文学全集2　萬葉集　一』小学館

小島憲之・木下正俊・佐竹昭広（校注・訳）（1972）『日本古典文学全集3　萬葉集　二』小学館

小島憲之・木下正俊・佐竹昭広（校注・訳）（1973）『日本古典文学全集4　萬葉集　三』小学館

小島憲之・木下正俊・佐竹昭広（校注・訳）（1975）『日本古典文学全集5　萬葉集　四』小学館

近藤安月子・小森和子（編）（2012）『研究社　日本語教育事典』研究社

真田信治（2002）『方言の日本地図　ことばの旅』講談社

ジェフリー. K. プラム・ウィリアム. A. ラデュサー（著）土田滋・福井玲・中川裕（訳）（2003）『世界音声記号辞典』三省堂

ジョアン. ロドリゲス（著）池上岑夫（訳）（1993）『ロドリゲス　日本語小文典（上）』岩波書店

ジョアン. ロドリゲス（著）池上岑夫（訳）（1993）『ロドリゲス　日本語小文典（下）』岩波書店

柴田武（1958）『日本の方言』岩波書店

高見澤孟（監修）高見澤孟・ハント蔭山裕子・池田悠子・伊藤博文・宇佐美まゆみ・西川寿美・加藤好崇（2016）『新・はじめての日本語教育1［増補改訂版］日本語教育の基礎知識』アスク出版

高見澤孟（監修）高見澤孟・伊藤博文・ハント蔭山裕子・池田悠子・西川寿美・恩村由香子・新山忠和・林千賀（2019）『新・はじめての日本語教育　基本用語事典　増補改訂版』アスク出版

土井忠生・森田武・長南実（編訳）（1980）『邦訳　日葡辞書』岩波書店

東条操（編）（1951）『全国方言辞典』東京堂出版

藤堂明保（編）（1978）『学研　漢和大字典』学習研究社

徳川宗賢（編）（1979）『日本の方言地図』中央公論社

中川千恵子・中村則子（2010）『初級文型でできる　にほんご発音アクティビティ』アスク出版

戸田貴子（2004）『コミュニケーションのための日本語発音レッスン』スリーエーネットワーク

馬淵和夫（1971）『国語音韻論』笠間書院

本居宣長（1776）『字音仮字用格』柏屋兵助・田丸屋正藏・錢屋利兵衞発行

柳田國男（1980）『蝸牛考』岩波書店

楊達・石田知子・呉志剛（1999）『聞こえる中国語　初級テキスト』南雲堂

●参考にした過去32年間の日本語教育能力検定試験問題32年度分を、「著作・編集元」の法人の名称変更により以下のとおりに整理する。

財団法人日本国際教育協会『日本語教育能力検定試験　試験問題』（1992〜1997年刊行）凡人社

財団法人日本国際教育協会『日本語教育能力検定試験　試験問題』（1998〜1999年刊行）桐原ユニ

財団法人日本国際教育協会『日本語教育能力検定試験　試験問題』（2000〜2004年刊行）桐原書店

財団法人日本国際教育支援協会『日本語教育能力検定試験　試験問題』（2005〜2011年刊行）凡人社

公益財団法人日本国際教育支援協会『日本語教育能力検定　試験問題』（2012〜2023年刊行）凡人社

索 引

著者
池田悠子（いけだ　ゆうこ）
　　昭和女子大学文学研究科博士後期課程修得。
　　放送大学非常勤講師、昭和女子大学非常勤講師、アークアカデミー日本語学校非常勤講師
　　等を経て、現在インターカルト日本語教員養成研究所非常勤講師、日本東京国際学院非常勤
　　講師。

イラスト
内山洋見（口腔図）

装丁・本文デザイン
宮坂佳枝

日本語教師をめざす人のための スモールステップで学ぶ　音声

2024年6月24日　初版第1刷発行

著　者　池田悠子
発行者　藤嵜政子
発　行　株式会社スリーエーネットワーク
　　　　〒102-0083　東京都千代田区麹町3丁目4番
　　　　　　　　　　トラスティ麹町ビル2F
　　　　電話　営業　03（5275）2722
　　　　　　　編集　03（5275）2725
　　　　https://www.3anet.co.jp/
印　刷　萩原印刷株式会社